Rügen

Hiddensee · Stralsund

Gisela Buddée

MERIAN-TopTen

Höhepunkte, die Sie unbedingt seh...

1. **Störtebeker-Festspiele**
Jahr um Jahr zeigt der Seeräuber seine Abenteuer vor atemberaubender Kulisse in Ralswiek (→ S. 21).

2. **Dokumentationszentrum Prora**
Geschichte erleben, Zusammenhänge von Macht und Urlaub erfahren (→ S. 37).

3. **Rasender Roland**
Gemächlich reist man mit dem Schmalspurbähnchen durch die Granitz (→ S. 45).

4. **Groß Zicker**
Aus dem Bilderbuchdörfchen kann man bis ans Ende der Welt wandern, und vom Berg aus sieht man nur Wasser (→ S. 53).

5. **Fischereihafen Sassnitz**
Eine 1,5 km lange Mole, Fischkutter und Segelschiffe und ein Museum, das vom Meer vor der Tür berichtet (→ S. 58).

6. ... der höchste Kreidefelsen (→ S. 64).

7. **Kreidemuseum und -lehrpfad Gummanz**
Vom Nutzen der hiesigen Natur erzählen ein Museum und ein Naturlehrpfad (→ S. 67).

8. **Kap Arkona**
Wo die Götterfestung des vierköpfigen Svantevit stand, laden heute Leuchttürme und der Rügenhof ein (→ S. 70).

9. **Kranichzüge**
Ein ohrenbetäubendes Naturschauspiel vor dem Abflug der großen Vögel in den Süden (→ S. 75).

10. **Radtour auf Hiddensee**
Vom einsamen Süden auf den Dornbusch im Norden mit traumhafter Sicht (→ S. 94).

MERIAN-Tipps ⇢
finden Sie auf Seite 128

Inhalt

Erläuterung der Symbole

Für Familien mit Kindern besonders geeignet

Diese Unterkünfte haben behindertengerechte Zimmer

In diesen Unterkünften sind Hunde erlaubt

CREDIT *Alle Kreditkarten werden akzeptiert*

Keine Kreditkarten werden akzeptiert

Preise für ein Doppelzimmer mit Frühstück in der Hauptsaison Mai bis September:

●●●●	ab 160 €	●●	ab 80 €
●●●	ab 120 €	●	bis 80 €

Preise für ein Hauptgericht (ohne Getränke):

●●●●	ab 32 €	●●	ab 12 €
●●●	ab 24 €	●	bis 12 €

Karten und Pläne

Die Buchstaben-Zahlen-Kombinationen im Text verweisen auf die Planquadrate der Karten, z. B.

→ S. 118, A 21 Kartenatlas
→ S. 87, b 2 Detailkarte innen
→ Umschlagkarte hinten, e 1

Mit Straßenkarte

Rügen stellt sich vor

Manchmal scheint auf Rügen die hektische Gegenwart in ganz weiter Ferne zu liegen: Abendstimmung über dem Fischerhafen von Groß Zicker (→ S. 53).

Traumstrände mit feinstem Sand und Steilküsten, Seebrücken und Kreidefelsen, einsame Dörfer und Badeorte wie von gestern und morgen zugleich und alles ganz nah beieinander.

Es ist der Duft, an dem man Rügen auch mit geschlossenen Augen erkennt: Rauch von Buchenholz streift die Nase, und gleich danach riecht es nach frisch geräuchertem Fisch. Papier raschelt, in dem man den gelbbraunen, warmen Leckerbissen anfasst, bevor der erste Happen verrät, dass man wirklich auf der Insel angekommen ist. Wo? Überall am Wasser, in Altefähr am Strelasund gegenüber Stralsund, in Lauterbach am **Bodden**, wie die seichten Buchten an der flachen Küste heißen, in Putgarten am Kap Arkona über der Steilküste an der Ostsee.

Mit fast 1000 Quadratkilometern ist Rügen Deutschlands größte Insel und so verwegen geformt, dass sich 570 Kilometer Küste ergeben. Nirgends sind es mehr als acht Kilometer bis zum Wasser. Es ist einsam, belebt, verschilft, glasklar oder moorig, aber immer ist es da. Es gibt die Boddenküste, die Meeresküste, die Seeufer, flach oder steil, sandig oder steinig, schmal oder breit, wild gezackt und sanft gewellt, die **Wieken** (kleine Buchten), Nehrungen und Landzungen. Außerdem fehlt es nicht an Gelegenheiten zum Überblick: Leuchttürme, Aussichtstürme, Berge. Berge? Hoch genug für die Übersicht, das Staunen, Raten, Wundern sind sie allemal. Manchmal, bei Bobbin zum Beispiel, hat man die Steigung gar nicht gemerkt, dreht sich um, und unten streift blaues Wasser grünes Land am roten Schlösschen Spyker. Oder auf dem Weg durch das Trockenrasengebiet hinter Groß Zicker am Mönchgut: Schön ist der Blick zurück auf halbem Weg, man könnte umkehren, vielleicht noch einmal hinübersehen, und bevor der 72 Meter hohe Gipfel erklommen ist, eröffnen sich nach einem Dutzend weiterer Schritte immer neue Aussichten, neue Hügel, neue Ufer und Silhouetten. Kaum erkennt man, wo man herkam.

Zweifellos, Rügen ist mehr als eine Insel, schon eher ein Archipel, ein Zusammenspiel von mehr als 30 Inseln und Halbinseln, die das Kernland umschließen, sich aneinander knüpfen, zusammenwachsen, die Landfinger ausstrecken nach Hiddensee, sich zu Binnenmeeren und Seen öffnen und jeden Lügen strafen, der weiß, wie es ist, dieses Rügen, weil es überall anders ist. Wem reicht schon ein Urlaub, das alles zu erforschen? Immer mehr kommen immer wieder. 23 000 Fahrzeuge können seit Oktober 2007 täglich über die neue Brücke über den Strelasund rollen.

Da gibt es kleine Städte, deren Einwohnerzahl anderswo knapp für ein Dorf reicht, und Dörfer, die verirrten Vorstadtstraßen gleichen mit mehrstöckigen Häuserblocks. Es finden sich Ansammlungen reetgedeckter Häuser, die Schilfmützen wie gegen den immer währenden Wind über die Fenster gezogen, so im Norden beim Kap Arkona. Im Südosten auf Mönchgut hingegen wirken die **Reetdächer**, die hier Rohrdächer heißen, wie Schatten spendende Schirme gegen die Sommersonne, überragt von vorwitzigen Stockrosen. Und es gibt Gegenden, wo der Tourist die hinter den Bäumen versteckten uralten Häuser überhaupt nicht sieht, wie im Süden der Halbinsel Ummanz. Falls er sich überhaupt dorthin verirrt.

Inbegriff der Sommerfrische

Dem offenen Meer zugewandt stehen im Osten kühle weiße Grazien in nie da gewesener Fülle, Nachfolgerinnen der Bäderarchitektur vom Beginn des vorigen Jahrhunderts, der verschnörkelten, geschnitzten Stilfantasie, die Sommerfrische verhieß und verheißt. Dazwischen quietschen nach wie vor die Kräne und rotieren die Zementmischer, um die Lücken mit neuen Urlauberburgen aufzufüllen. **Seebrücken**, schmale Stege aufs

Die unter Denkmalschutz stehende Villa Rugia aus der Zeit der Jahrhundertwende gehört zum Hotel-Park Ambiance (→ S. 40) und ist nur ein Beispiel für die Bäderarchitektur entlang Sellins Prachtmeile, der Wilhelmstraße.

Meer hinaus, wurden gebaut, um den Aufschwung Ost und die Lust der Feriengäste zu fördern, sich anderswo umzusehen, zwischen den Orten Verbindungen per Seebäderschiff zu schaffen.

Und immer wieder führen landeinwärts und nach Süden Wege in die Ruhe, zu Ruinen, zu Ställen und Scheunen mit zerbrochenen Fenstern. Fast menschenleer ist auch der Westen, nach wie vor Fischer- und Bauernland und Rückzugsort der Kraniche im Frühjahr und Herbst, dort wo der **Nationalpark Vorpommersche Boddenlandschaft** Teile von Wittow, Westrügen, Ummanz und die dazwischen liegenden Boddengewässer umfasst.

Es ist schon eine besondere Spezies Urlauber, die erst dann über den Rügendamm kommt, wenn man sich warm anziehen muss, die mit Fahrrad und Fernglas nach Freesenort oder Tankum auf Ummanz hinauseilt und Stunden verharrt, fasziniert von den geflügelten Feriengästen, den Kranichen, wissenschaftlich Grus grus genannt. Einige Wochen lang, zwischen Mitte August und Ende Oktober, besetzen die großen Vögel die Flachwassergebiete zwischen Rügen und Darß, stehen hier, gesichert vor Bodenfeinden, die Nächte durch und päppeln sich tagsüber an Stoppelfeldern – und frischen Getreidesaaten – auf für den weiten Flug ins spanische Winterquartier.

Der Königsstuhl: Wallfahrtsort aller Rügenbesucher

Schneeweiße Kreide, 117 Meter hoch, die steil ins Meer fällt, Zauberberg der Romantiker, Motiv der Maler seit 200 Jahren: der unvergleichliche **Königsstuhl**.

Wanderwege am Hochufer, glitzerndes Licht auf dunkelblauem Wasser: Hier lässt sich nachvollziehen, dass Fontane seine Effi Briest schwärmen ließ: »Das ist ja Capri, das ist Sorrent.« Das ist **Sassnitz**.

Eine Torte aus Stein

Die Altstadt von Sassnitz hat sich herausgeputzt. Den mit Kopfsteinen gepflasterten alten Markt umstehen wie vor 150 Jahren, als der erste Bauboom begann, wieder Häuser in schönstem Bäderstil mit weiß gestrichenen filigranen Holzveranden. Dazwischen blinkt Meeresblau, und am nahen Stadthafen mit der 1,5 Kilometer langen Außenmole ist vor allem im Sommer reger Betrieb, als wär's am Mittelmeer. Zwischen Fischerbooten und Ausflugschiffen kräuselt sich auch hier Rauch in den Himmel – und es duftet nach Räucherfisch. Nach jahrelanger Schönheitskur strahlt die alte Ostseeterrasse als »Fürstenhof« hoch über der Strandpromenade. Sassnitz war über 100 Jahre als Fährhafen mit Trelleborg verbunden, so war einzig hier tatsächlich bis heute die Welt zu Gast, von der die Bewohner der DDR bekanntlich ziemlich abgeschnitten waren. 1998 ging der Fährbetrieb nach Mukran, da wurde Sassnitz mit seinem Hafen, Eisenbahnfähre und der dazugehörigen Infrastruktur fast schon zum Museum.

Einen schönen langen Waldspaziergang weiter liegt **Lohme** hoch über dem Meer, ganz abgeschieden und wieder eine Entdeckung wert. Auf den großen Steinen, die den schön gelegenen neuen Yachthafen unter der Steilküste umrunden, sitzen abends die Heimkehrer von den Tagesausflügen und sehen beeindruckt zu, wie die Sonne am Kap Arkona ins Meer sinkt.

Binz, das renommierteste der Bäder, mit einem Publikum, das auch mal nach einer Nachtbar fragt, gutes von üppigem Essen zu unterscheiden und zu goutieren weiß, hatte sich als begehrter Immobilienstandort schon früh für eine glanzvolle Zukunft gerüstet, mit Luxusherbergen für mehr als einen Sommer und zur steuerlichen Abschreibung geeignet.

Zu Binz gehört auch **Prora**, vier Kilometer langer »Koloss von Rügen« oder »Nazibad«, das für 20 000 Feriengäste geplant war. Die Zukunft der nicht fertig gestellten Urlaubskaserne vor endlos-feinem Strand ist ungewiss. Derweil fasst der riesige Parkplatz an sommerlichen Regentagen kaum die Menge der Museumsbesucher, die alte Autos und Boxhandschuhe, Ausstellungen zu NS- wie DDR-Geschichte besichtigen.

Unvergleichlich auch **Putbus**, die jüngste europäische Residenzstadt, die Malte I. zu Putbus Anfang des 19. Jahrhunderts bauen ließ – besonderes Prachtstück: der Circus, ein kreisrunder Platz mit weißen Häusern drum herum. Ein riesiger Park liegt dem feudalen Rund gegenüber, der Schlosspark war es, aber das Schloss kann man nur noch als Modell, im Café am Circus 1, besichtigen. Nach Lauterbach wollte der Fürst die zeitgenössischen Herrschaften zum Baden einladen und hatte dazu Badewannen aus Italien vor dem Badehaus Goor aufstellen lassen. Zuerst verschwanden die Badewannen, und jetzt ist das Badehaus mit seinen dorischen Säulen zum noblen Hotel umgebaut. Das Inselchen Vilm, zum Greifen nah, hatten sich die DDR-Lenker reserviert. In seiner Abgeschiedenheit arbeiten nun Forscher wie auf dem Inselchen Riem vor Greifswald.

Manchen ist die Halbinsel **Mönchgut** im Süden, jenseits eines fast 50 Meter hohen Binnenkliffs, das schönste Stück Rügen. Hier lebte man einsam, bis der Tourismus die Schönheit entdeckte und das Mönchgut die Denkmäler seiner Vergangenheit in Museen ausstellte. Die Trachten und Gebräuche jedoch haben das 20. Jahrhundert überdauert, und an Festtagen werden sie noch vorgeführt.

Im **Nationalpark Jasmund** und im **Biosphärenreservat Südost-Rügen** ist die Natur unter Schutz gestellt, beide Regionen sind Kulturland wie die ganze Insel. Von Eiszeitgletschern geformt, wurde das Gebiet mit zunehmender Erwärmung etwa 4000 Jahre vor unserer Zeitrechnung zum Birken-, Kiefern- und Eichenwald, später zum geschlossenen Buchenwald. Die ersten Siedler der Mittleren Steinzeit nutzten das Holz, veränderten die Landschaft jedoch nicht. Auch spätere Rodungen hinterließen nur flüchtige Spuren, der Wald eroberte sich verlassene Siedlungen wieder zurück. Von den Slawen blieben die Wälle ehemaliger Burgen. Seit dem 12. Jahrhundert etwa nahm die Nutzung enorm zu, in Meilern wurde Holzkohle gebrannt, es wurden Schiffe gebaut. 1929 standen 1500 der insgesamt 2500 Hektar der Waldfläche der Stubnitz unter Naturschutz. Seit 1990 gehört das ganze Waldgebiet zum Nationalpark.

Am **Kap Arkona** erinnert eine Nachbildung des vierköpfigen Gottes Svantevit an das größte Heiligtum der Slawen, die Jaromarsburg, die 1168 von den Dänen zerstört wurde. Wer das Windland **Wittow** nicht scheut, findet zwischen weiten Wiesen und Feldern über der Steilküste, nahe bei den Leuchttürmen, garantiert autofreie Unterkunft. Unten am Strand kann es hier schon im Sommer unwirtlich sein. Im Winter sind wie an allen Steilküsten sogar gefährliche Abbrüche wie im Januar 2008 an den Wallanlagen möglich.

Mit Touristenbähnchen, Bussen, Fahrrädern und dem dampfenden **Rasenden Roland** locken die Rüganer ihre Besucher von den viel befahrenen Straßen. Aber wer Patzig, Lobbe, Unrow, Tribbevitz oder ein anderes der 39 Dörfer zum Urlaubsort – vielleicht mit günstiger Ferienwohnung – erkoren hat, wird auf fahrbaren Untersatz nicht verzichten wollen. »Zu teuer«, klingt die Klage der Urlauber ohnehin Jahr für Jahr lauter. Fast alle Rüganer leben mittlerweile in irgendeiner Form vom Tourismus, und die Anfangsinvestitionen waren hoch. Arbeitsplätze in Landwirtschaft und Fischerei verschwanden. Von 86 000 Einwohnern zur Zeit der Wiedervereinigung sind 70 000 geblieben.

Der Rasende Roland (→ S. 45) schnauft seit über 100 Jahren zwischen Putbus und Göhren hin und her. Für die knapp 25 Kilometer lange Strecke benötigt er gut eine Stunde.

Rügens kleine Schwester Hiddensee rückte zu Beginn des 20. Jahrhunderts ins Rampenlicht, als Künstler das Eiland entdeckten und für einen ersten Boom sorgten. So dass sich Gerhart Hauptmann schon damals stirnrunzelnd Gedanken über Hiddensees Zukunft machte: »Leise, leise, dass es nicht ein Weltbad werde ...« Exklusives Ferienziel zu DDR-Zeit, profitiert die Insel heute von Mengen von Tagestouristen – und leidet darunter. Ihre sanfte Schönheit erschließt sich ohnehin nur Besuchern, die länger verweilen wollen.

Gewusst wo...

An Sellins neuer Seebrücke (→ S. 40) – der längsten auf Rügen – legen nicht nur Schiffe an. Man kann hier gut essen gehen, einkaufen oder Veranstaltungen besuchen.

Ob man im reetgedeckten Haus mit Stockrosen vorm Fenster übernachten, geräucherten Fisch kosten oder Störtebeker erleben möchte – hier findet man die nötigen Informationen.

Übernachten

Unterkünfte aller Art gibt es genug, nur nicht alle zu jeder Zeit. Rügen wird immer feiner ...

Viele Rügener Hotels liegen inmitten traumhafter Landschaft und locken mit Luxus und Ruhe pur. Hier das Panorama-Hotel (→ S. 66) in Lohme auf der Halbinsel Jasmund.

Irgendwo ist immer ein Zimmer frei

Eigentlich müsste man nach Rügen reisen und sich vor Ort eine Ferienunterkunft suchen. Aber das kann meist nur, wer außerhalb der Sommersaison unterwegs ist. Da fährt man eine Straße entlang, nur so, um zu sehen, wohin sie führt, und steht plötzlich vor dem Ferienhaus, das man sich schon immer erträumt hat.

Wie es sich wohl anfühlt, unter einem dicken Reetdach auf Ummanz oder auf Mönchgut zu leben? Zwischen Stockrosen aus dem Fenster zu sehen? Finnische Blockhäuser gibt es für Allergiker und alte Fischerhäuser mit moderner Ausstattung auf Jasmund, Kapitänshäuser auf Wittow und nebenan auch gleich das Ferienhaus fürs Pferd. Man kann sogar im Heu nächtigen.

Manche möchten aber doch lieber in einer **Villa** wohnen. Als »leichtfertigen Import aus Berlin« tadelte der Architekturkritiker Alfred Lichtwark zu Beginn des 20. Jh. die weißen Villen im Ostseebad Sellin, wetterte über »billigen Pomp«, über Türmchen und banale Ornamente als Zeichen niedrigen Kulturniveaus. Längst leuchten die weißen geschnitzten Veranden auch wieder in Binz, Sassnitz, Baabe und Göhren und gelten als romantisch, fragen Urlauber nach Zimmern im Türmchen – mit Blick aufs Meer – und genießen obendrein Saunen, Pools und Felsengrotten.

Vielleicht darf es auch ein Urlaub im **Schloss** sein? Rügens Märchenburg liegt in Ralswiek über dem Großen Jasmunder Bodden, und zu seinen Füßen, hinter dendrologischen Kostbarkeiten im Park, kämpft jeden Sommer Störtebeker für die Armen und Guten. Das wunderschön gelegene Wrangel-Schlösschen Spyker wartet mit Restaurant im spätgotischen Gewölbekeller auf. Wenn ein richtiges **Herrenhaus** genügt: Da gibt es Boldewitz von 1635 im 15 Hektar großen Landschaftspark. Herrschaftlich lebt man auch im Katen mit Kamin- oder Kachelofen, wo man das Pferd mitbringen kann.

Der neue Rügentrend heißt **Appartement**. Das sind Ferienwohnungen in großen Villen im Bäderstil am Strand oder in Strandnähe, restauriert oder neu gebaut, inklusive Fernsehen, Radio, Föhn und Safe, Toaster und Kaffeemaschine. Doch alles andere geht extra: Man kann Bettwäsche bekommen, Brötchen bestellen, Fahrrad und Strandkorb gleich mitmieten. Doch die Preise gleichen denen luxuriöser Hotels, mit dem Unterschied, dass der Service fehlt und eine Endreinigung extra bezahlt werden muss. Man kann nicht nur aus vielen Hotels und Häusern auf das Meer schauen, man kann auch im Schlaf darauf schaukeln. Im Yachthafen von Lauterbach schwimmt ein Dörfchen von zwölf Ferienhäusern. Jedes mit einer Badeleiter in den Bodden. Die Tourismuszentrale Rügen gibt jährlich einen Katalog heraus, der eine Fülle von Unterkünften aller Art auflistet. Da nicht alle Vermieter ihre Unterkünfte melden, kann es sich auch lohnen, bei den örtlichen Fremdenverkehrsvereinen nachzufragen.

Winterurlauber, die damit leben können, dass nicht nur Museen und Kirchen, sondern auch viele Restaurants geschlossen sind, profitieren vielerorts davon, dass selbst die Nachsaisonpreise außer Kraft gesetzt sind und einige Hotels Doppelzimmer für 50 € anbieten. Zugefrorene Boddengewässer, bizarre Eisgebilde und eine verschneite Kreideküste bieten dann unvergleichliche Naturerlebnisse. Weihnachten gilt allerdings auch hier als Hochsaison.

Empfehlenswerte Hotels und andere Unterkünfte finden Sie jeweils bei den Orten im Kapitel »Unterwegs auf Rügen«.

Essen und Trinken

Neben deftigen Insel-Spezialitäten kann man zunehmend auch Gourmet-Küche genießen.

Fisch steht auf allen Speisekarten, am köstlichsten aber schmeckt er, wenn er ganz frisch aus der Räuchertonne kommt.

Auf jeden Fall gibt es Aal. Aal grün. Aal in Dill. Aal in Gelee. Aal gedünstet, gebraten, geräuchert. Bis zur Wende war er der seltene Dreifarbenfisch: grün gefangen, braun geräuchert, schwarz verkauft. Längst gibt es ihn ganz legal. Wie Dorsch, Hecht, Zander aus Bodden, See und Meer auf den Speisekarten von Kap Arkona im Norden bis zum Mönchgut im Süden. Binnenländler wollen Fisch essen, wenn sie an der Ostsee sind. Der Exklusive ist seit Sommer 2005 der Lachs. In einer Lachsmanufaktur mit Räucherei am Hafen von Gager wird dem König der Fische die Krone aufgesetzt. Er kommt als Wildlachs aus Alaska und lässt sich hier braten, pochieren, beizen und räuchern, bis das Essen zum Erlebnis wird. Ob er dem Räucherduftenden aus der Tonne, irgendwo an Strand, Parkplatz oder Hafen, den Rang ablaufen kann, wird sich zeigen.

Alles aus Poseidons Reich

Dann ist da noch der Hering, der im Frühling, aber dann in Scharen, naht. »De Heering kümmt«, kündigt das Jagdfieber der Angler an. Seinetwegen predigte Pfarrer Kosegarten aus Altenkirchen im 18. Jh. auf dem Windland im Freien. Einer hatte immer die Ostsee im Blick. Wenn die Heringsschwärme zum Laichen aus den nördlichen Meeren in die seichten und daher wärmeren Boddengewässer ziehen, beginnt heute wie damals die Hochsaison der Kutterfischer. Und auf der Brücke über dem Strelasund stehen die Rüganer dicht an dicht, warm angezogen, und werfen ihre Angeln aus. Selbst der faulste Hobbyangler kehrt mit reicher Beute heim. Das »Silber des Meeres« landet im April nicht nur in den Fisch verarbeitenden Betrieben von Sassnitz in Konserven, sondern auch in den Restaurantküchen in Suppe, Brötchen und Pfanne. Dann gibt es noch den Hornfisch, dem Binnenlandbewohner misstrauisch begegnen – weil seine Gräten grün sind.

Frischen Fisch gibt es bis gegen Mittag am Hafen von Breege im Norden, und auch in Waase auf Ummanz warten Urlauber, die sich selbst bekochen, gegen elf gegenüber der Kirche darauf, was der Fischer gefangen hat.

Die feine Küche gehört nicht zur Rüganer Tradition. Sättigend und kräftig musste das Essen für die schwer arbeitenden Menschen im Norden sein: Schweinebraten, Rotkohl, Gänsekeule, Backpflaumen zum Fleisch. Das ist nicht mehr so, aber die traditionellen Rezepte, mal üppig, dann wieder verfeinert, werden zunehmend angeboten. Der Sehnsucht der Urlauber nach Authentizität kommt Rügen mit kulinarischen Events entgegen, verkündet, wenn der Sommer geht und die Herbststürme über das Windland fegen, »Kohlfieber«. Auf mehr als 150 Hektar wird im Inselnorden Weiß-, Rot- und Wirsingkohl angebaut – auch Wruken, die anderswo Kohlrüben heißen und mit Kohl nicht wirklich etwas zu tun haben –, und ab Oktober schneiden, wickeln, füllen die Köche das einheimische Gemüse auf unterschiedliche Art. Schmorkohl gibt es dann, Sauerkrautpuffer mit Lachs, Wirsing-Nudel-Eintopf oder Rotkohlroulade mit Wildpilzfüllung – alte und fantasievoll neu erfundene Rezepte.

Allmählich und mit den exklusiven Hotels hat sich die Gourmet-Küche auf Rügen etabliert. Vorbei die Zeiten, da Feinschmeckern nur zwei Namen einfielen und sie vom Panorama-Hotel in Lohme und dem Nordperd in Göhren schwärmten. Den ersten Edelköchen ist einige Konkurrenz nach Rügen gefolgt. Im Meeresblick in Göhren isst man verlässlich gut wie im Rasenden Roland und in der Orangerie in Binz, im Ambiance und im Cliff-Hotel in Sellin.

Regionale Esskultur – gekennzeichnet mit weißer Kochmütze auf blauem Grund – pflegen Lindenkrug in Poseritz wie Gastmahl des Meeres in Sassnitz oder das Bistro im Nationalpark-Zentrum am Königsstuhl, versprechen Bodenständigkeit wie Bauer Lange in Lieschow, der die Kartoffelernte mit Pellkartoffel-Mahlzeiten mit Kräuterquark feiert.

Die Vermarktung einheimischer Produkte hat die Küche entscheidend verbessert. Das Hofgut Bisdamitz beliefert manchen Inselkoch, und der Bioladen Butterblume in Bergen, mit 180 qm der größte in ganz Mecklenburg-Vorpommern, ist ebenso gut sortiert wie ein Supermarkt: Obst kommt aus Altkamp, Saft von der Mosterei in Bobbin, Gemüse aus Garz, Eier und Kartoffeln vom Ökohof Thom, Fleisch, Käse und Getreide aus Bisdamitz, wo auch das einzige Ökobrot auf Rügen gebacken wird.

Man kann auf Rügen auch griechisch in Binz, russisch in Sellin, italienisch in Bergen, böhmisch in Baabe und Steaks in Juliusruh essen. Man kann, mit etwas Pech, auch schlecht essen, sogar in schönster Umgebung. Eine Wurst auf die Schnelle, eine Portion Bratkartoffeln, ein Käsebrot, eine Portion Pommes frites findet man in fast jedem Badeort, auch einfache Gerichte, Milchreis mit Obst, Spaghetti, Nudeln mit Schinken. Wer während der Sommersaison abends essen gehen will, sollte einen Tisch reservieren. Und damit rechnen, dass die Küche ab 22 Uhr kalt bleibt.

Und was trinkt man auf Rügen? In erster Linie Bier, Westbier und Ostbier, aus München, Lübz und Düsseldorf, Radler und Alster. Und nach dem reichhaltigen Essen genehmigt man sich vielleicht einen Schnaps. In der Edelobstbrennerei in Lieschow lernt man Roten Berlepsch, Pommerschen Krummstiel und Kaiser Wilhelm kennen – alles traditionelle Apfelsorten, die sehr gutes Brennobst abgeben, und dann kann man den Weg vom Obst zum Edelbrand oder zum Likör verfolgen und das Produkt verkosten. Auch Pflaumen, Kirschen, Quitten und Sanddorn werden verarbeitet, man muss eben probieren, was einem schmeckt.

Empfehlenswerte Restaurants und andere Lokale finden Sie jeweils bei den Orten im Kapitel »Unterwegs auf Rügen«.

Ungewöhnliches Tafeln im Maschinenraum eines U-Boots: das Restaurant des Hotels Nautilus (→ S. 47) in Putbus-Neukamp.

MERIAN *live!*-QUIZ

GEWINNSPIEL: Monat für Monat eine Reise und weitere attraktive Preise zu gewinnen!

Um wen, was oder welchen Ort geht es hier?

» Was er wohl von den Kranichen hielt? Nach dem Raststopp auf Rügen ziehen sie zum Überwintern seit jeher weiter nach Frankreich, früher gar bis ins spanische Andalusien. Aufgeklärte Europäer packt bei solchen Reisezielen rasch das Fernweh. Anders der Gesuchte, der selber viel reiste – mit Frankreich hatte er wenig am Hut.

Von Rügen stammte der nicht Unumstrittene. Zum Rügen finden viele seine Biografie. Den einen ist er standhafter Patriot, den anderen verbohrter Nationalist, gelinde gesagt. Als der Bauernsohn geboren wurde, gab es in Pommern noch die Leibeigenschaft. Sein Buch über diese Unterjochung bewog Schwedens König, sie in Pommern aufzuheben.

Seine Schriften während Napoleons Kriegen sind voller Aversionen gegen die Franzosen. Seine Sätze über die Juden waren keineswegs freundlicher. Im Dritten Reich war diese Denkart ein gefundenes Fressen für die Machthaber. Aber seine antifeudale Haltung passte auch ins Weltbild der DDR. Im Westen zierte 1969 sein Konterfei eine 30-Pfennig-Marke der Bundespost. In West- wie in Ostdeutschland heißen Schulen nach ihm, auch eine Universität.

Als Politiker in der Frankfurter Nationalversammlung wollte er weg von deutscher Kleinstaaterei, hin zum Erbkaisertum. Doch die Monarchisten lehnten ihn als Demagogen ab. Und so war ihm ein merkwürdiges Leben beschieden, das erst im Alter von 90 in Bonn endete, wo er auch begraben liegt. Seine Widersprüche leben weiter. «

Felix Woerther

Wenn Sie die Lösung wissen, besuchen Sie uns doch im Internet unter **www.merian.de/quiz** oder senden Sie uns eine E-Mail an **quiz@travel-house-media.de**

Unter den Einsendern verlosen wir Monat für Monat attraktive Preise. Viel Glück!

Einkaufen

Von Bernstein über »Narrenkeramik« bis zu Kulinarischem wie Sanddornsaft und Stutenmilch.

Töpferwaren aller Art bietet dieses Geschäft in Middelhagen (→ S. 55) an. Originelle, von lokalen Künstlern gestaltete Einzelstücke, aber auch traditionelle Gebrauchskeramik zählen zu den begehrten Souvenirs eines Rügenaufenthalts.

Am liebsten hätte man es vielleicht selbst gefunden, möglichst kinderfaustgroß und kostbar: **Bernstein**, das Gold des Nordens. Dazu gehört aber außer einer gehörigen Portion Glück mindestens ein kühler stürmischer Herbsttag, den man sich auch wiederum nicht wünscht. Außerdem hätte man mit der Sonne aufstehen müssen, einheimische Bernsteinsucher sollen mit Taschenlampen auf die Pirsch ziehen und unter Roll- und Sprockholz suchen, also Holz- und Kohlestückchen, Tang und Muschelschalen. In Göhren, Binz, Sellin und Sassnitz gibt es Schmuckläden, in denen es schöne Stücke zu kaufen gibt. Manchmal werden Bernsteinketten auch an Schmuckständen angeboten, aber wenn man Wert auf ein echtes Stück legt und nicht nur ein Souvenir erstehen möchte, ist Vorsicht angebracht.

Wem die Nachbildungen des berühmten **Hiddenseer Goldschmucks** gefallen, der braucht sich keine Gedanken um die Echtheit zu machen. Die Originale, die gelegentlich im Stralsunder Kulturhistorischen Museum ausgestellt werden, sind wohl verwahrt. Mehr als 1000 Jahre ist es her, dass nordische Schönheiten sich mit dem Goldschatz schmückten, der nach den Sturmfluten 1872 und 1874 am Neuendorfer Strand gefunden wurde. Üppig und schwer sind die wikingischen Goldschmiedearbeiten, also bieten ihn die zeitgenössischen Goldschmiede heute verkleinert an. Sein Preis übersteigt immer noch den für herkömmliche Souvenirs.

Narrenkeramik nennt Kathrin Grünke ihre Keramikobjekte und »Art des Hauses« ihre Geschirredition mit unikater Bemalung, wo bunte Schafe sich um Schüsseln schlingen und auf Käseglocken verträumte Vögel Blumenkatzen umschwirren. Die Keramikerin lässt sich in ihrer Binzer Werkstatt auch auf Finger und Pinsel schauen, wenn sie ihre Fayencen herstellt. In Putgarten auf dem Rügenhof entsteht konventionellere Gebrauchskeramik.

Das Hofgut Bisdamitz auf Jasmund, mit dem Agrar-Kultur-Preis, also einem »Öko-Oscar«, ausgezeichnet, verkauft Brot, Käse, Marmelade, **Fleisch- und Wurstwaren.** Käsefreunden kann man auch den »Rügener Badejungen« mitbringen, eine Art Camembert, den es in jedem Lebensmittelgeschäft gibt. Auf Ummanz wird Stutenmilch verkauft, »Hausmittel« für Erschöpfte und Herz-Kreislauf-Kranke.

Öko frisch von der Insel

In Binz kann man zusehen, wie Glasobjekte entstehen, die man nach Hause tragen will. Design aus Stein will in Lohme bewundert sein, es kann auch dazu anregen, selbst schöpferisch tätig zu werden. Und wenn die Reisekasse klamm geworden ist, bückt man sich am Fuß der Steilküsten nach Hühnergöttern, den bizarr ausgewaschenen Steinen, die sich sogar zu Schmuck verarbeiten lassen.

Empfehlenswerte Geschäfte und Märkte finden Sie jeweils bei den Orten im Kapitel »Unterwegs auf Rügen«.

MERIAN-Tipp

1 Rügener Seekiste

steht über dem Inselumriss, drumherum das Mer Baltique. Was historisch anmutet, ist im Rügenhof auf Kap Arkona aus Holz gebaut und birgt Inselköstlichkeiten: Arkonafeuer und Kreidefelsen-Salami, Käsebällchen aus der Poseritzer Molkerei, Honig, Bienenwachskerze, Rügenfisch und Soljanka, Sanddorn und Rügenkeramik. Man kann sich eine Überraschungskiste zusammenstellen und verschicken lassen. Wer mag, sucht sich den Inhalt der Kiste auf dem Gutshof am Kap Arkona selbst aus (Tel. 03 83 91/43 99 90). → S. 109, F 1

Feste und Events

Heringsfest, Kohlwochen und vor allem Störtebekers Abenteuer locken Gäste von nah und fern an.

Hoch her geht es von Juni bis August bei den Störtebeker-Festspielen in Ralswiek, zu denen die Zuschauer in Scharen herbeiströmen.

Das Jahr beginnt mit dem Schlachtefest, Meister Lampe frieren beim Ostermarkt meist noch die Ohren, das Heringsfest eröffnet die Frühjahrssaison, und dann ist auch schon Maisingen angesagt. Pfingstmärkte folgen, dann beginnen die Ferien: Auf dem Kalender ist Hochsaison, und Neptun tanzt auf allen Seebrücken: Hafentage, Sommerfest, Strandfest. Mit Theater, Musik, Kabarett, Kirchen- und Jazzkonzerten, Blues, Ballons und Drachen bleibt es noch ein bisschen Saison, bis das Kohlfieber ausbricht. Dann ist schon Zeit für Weihnachtsmärkte. Noch fehlt die Tradition der Feste, den Urlaubern vor der Wende reichte Rügen pur. Da das Festland von Rügen aus mit Fähre und über die Brücke gut und schnell erreichbar ist, gehören die Festveranstaltungen, die in Stralsund und Greifswald wieder aufleben, auch zu den Attraktionen für Rügenurlauber.

Mai

Anbaden

Binzer Hoteliers gehen ins Wasser und wärmen damit die Ostsee für die hoffentlich zahlreichen Gäste an.

1. Mai

Putbus-Festspiele

Mit Opernaufführungen, Theater und Konzerten beginnt in Putbus jedes Jahr die Saison.

Mitte bis Ende Mai

Juni

Sommersonnwendfeier

Kap Arkona, Seepark Sellin, Kurpark Juliusruh.

21. Juni

Juni–August

Störtebeker-Festspiele

Seit 1993 erstürmt Klaus Störtebeker, Seeräuber und Rüganer Kind, jeden Sommer wieder die Naturbühne am Großen Jasmunder Bodden von Ralswiek, mit wachsendem Erfolg. Dabei schien es unwahrscheinlich, das Spektakel wieder zu beleben, das von 1959 bis 1961 schon Tausende jährlich zu den Wiesen am Wasser führte, wo der »Gute« gegen die Kapitalisten kämpfte. Aber nun hüllen donnernde Kanonen die Hansekoggen in Rauchwolken, und schnelle Pferde wirbeln Sand in die Luft, wenn ihre tollkühnen Reiter lebenswichtige Botschaften transportieren. Man muss sehr strandmüde sein, um solche Abenteuer zu verschlafen.

Ralswiek; Juni–Aug. Mo–Sa 20 Uhr; Auskunft und Kartenverkauf: Störtebeker Festspiele, Am Bodden 100, 18528 Ralswiek/Rügen; Tel. 0 38 38/3 11 00, Fax 31 31 92; www.stoertebeker.de; Eintritt 10–26 €, Kinder von 5–15 Jahren 8–21 €

Vilmnitzer Abendmusiken

Chor- und Orgelkonzerte, gelegentlich Kammermusik.

Pfarrkirche St. Maria Magdalena, Vilmnitz; Do 19.30 Uhr

Juli

Hafentage

Mit Musik, Feuerwerk, Imbissbuden und Belustigungen aller Art feiert Sassnitz seinen Fischereihafen.

Sundschwimmen

2,3 km misst die Strecke zwischen Altefähr auf Rügen und der Seebadeanstalt Stralsund, die es zu überwinden gilt. Die ersten Schwimmer starteten 1825, aber erst in den Zwanzigerjahren wurde eine Tradition begonnen, und die 34:39 Minuten des Erfurters Jörg Walter von 1987 wurden legendär. Seit 1991 wird, nach 40-jähriger Unterbrechung, wieder die Offene Deutsche Meisterschaft ausgetragen.

Theatersommer am Kap

In die Theaterscheune des Rügenhofes und open-air bei den Leuchttürmen laden unterschiedliche Theatergruppen bis Ende August zu ihren Vorstellungen ein.

Wallensteintage

Es beginnt mit dem »Hohnblasen« vom Turm der Nikolaikirche in Stralsund am 24. Juli. Damit ist ein Volksfest eröffnet, das an den erfolgreichen Widerstand gegen Wallenstein im Dreißigjährigen Krieg erinnert.

Ostseefestspiele

Oper auf dem Schiff und rundherum Hafen – das ist einer der kulturellen Höhepunkte des Ostseesommers für Gäste und Einheimische. Wenn, wie 2008, ein Fluch den rastlosen »Fliegenden Holländer« über die Weltmeere treibt, dann stimmt das Ambiente perfekt.

Seebühne Stralsund; Tel. 0 38 31/ 26 46-1 50; www.ostseefestspiele.de
Ende Juli bis Mitte Aug.

September

Erntefest

Mit einem Festumzug beginnen die Kohlwochen auf dem Rügenhof.

Kabarett-Regatta

Einen Monat lang darf im Theater von Putbus mit Kabarettgrößen aus Ost und West gelacht werden.

Rügana

Eine Leistungsschau der Rüganer um Kohl und Kultur in Bergen.

Oktober

Bernsteinfest

Die Deutsche Bernsteinkönigin wird gewählt, und bei einer Ausstellung in der Nordperdhalle in Göhren kann man große, kleine und außerordentliche Exemplare bewundern.

Tour d'Allee

Profis treten zusammen mit Freizeitradlern von unterschiedlichen Orten aus in die Pedale, um das Ziel Bergen zu erreichen. Insider wissen, wer Täve Schur, Axel Peschel und Bernd Dittert sind. Abends Radlerball.

Teilnahmekarten gibt es beim Fremdenverkehrsverband Rügen (Tel. 03 83 03/14 70).

November

Ostseeländer-Chortreffen

Kammerchöre aus den Ostsee-Anrainerstaaten treffen sich zum gemeinsamen Musizieren in Binz.

Dezember

Silvesterparty

Von der Silvestergala (Kurhaussaal Binz) über Strandkorbsilvester (Göhren), Feuerwerk an der Seebrücke (Sellin) bis zur traditionellen Sturmwanderung (Kap Arkona). Schließlich ist Weihnachten bis Silvester Hochsaison an der Ostsee.

Blick in den Zuschauerraum des Theaters (→ S. 46) von Putbus. Seit 1998 finden in diesem Kleinod des Klassizismus wieder Vorstellungen statt.

Sport und Freizeit

Auch abseits der Küsten sind der Bewegungsfreude auf Rügen keine Grenzen gesetzt.

Auf den Boddengewässern finden Surfer ideale Bedingungen für ihren Sport vor. Im Winter, wenn sie zugefroren sind, wird hier Schlittschuh gelaufen.

Bisher suchen die meisten Rügenurlauber ganz offensichtlich die traditionellen Wasserfreuden, schwimmen, fahren Boot und Wasserski und nutzen die Netze für Volleyballspiele am Strand. Andere angeln, sehen sich auf Reiterhöfen um, wundern sich über Tauchangebote, die sie hier nicht vermutet haben. Radfahrer trifft man allenthalben, sie tauschen die schönsten Routentipps aus und sind fast das ganze Jahr über unterwegs. Im Winter nicht, da zieht es, wenn die Boddengewässer zugefroren sind, die Schlittschuhfahrer aufs Eis. Das ist jedoch nicht die einzige Wintersportmöglichkeit: In Göhren gibt es eine Rodelbahn, 350 m lang, und 20 km Skilanglauf-Loipe.

Angeln

Aal, Barsch, Dorsch, Flunder und Scholle, Hecht, Zander, Hering, Meerforelle, Hornfisch, Plötz und Blei warten um Rügen auf Angler. Wittling, Lachs und Steinbutt können beim Hochseeangeln auf der Ostsee gefangen werden.

Fischereischeine gibt es beim Landesamt für Fischerei (Justus-von-Liebig-Weg 2, 18609 Rostock; Tel. 03 81/40 51 80).

Golf

Challenge Course heißt die Herausforderung, die Golfer im abgelegenen Karnitz erwartet. In fast unberührter Natur, zwischen Garz und Bergen, in hügeliger Landschaft. Die 18-Loch-Turnieranlage mit Par 72 und einer Gesamtlänge von mehr als 6 km hat sechs verschiedene Abschläge, die in Länge und Schwierigkeit variieren. Der Challenge Course ist mit Platzreife bespielbar, empfohlen wird jedoch mindestens Handicap 28. Für einen 9-Loch-Public-Course mit Par 60 ist keine Platzreife erforderlich, er steht mit großen flachen Grüns, breiten hügeligen Fairways und Wasserhindernissen allen Golfinteressenten offen. Übungsmöglichkeiten für unterschiedliche Leistungsstufen bietet eine großzügige Driving Range. Professionelle Lehrer (Dany Witt Golf Academy) bringen den guten Schwung bei. Der Golfclub Rügen Schloss Karnitz e. V. ist Mitglied im Deutschen Golfverband.

Schloss Karnitz e. V., Golfbetriebsgesellschaft, Am Golfplatz; Tel. 03 83 04/ 8 24 70; www.golfclub-ruegen.de

In Sassnitz, über dem Hochufer von Mukran, spielt man auf einer 9-Loch-Anlage mit 30 Par (www.golfaufruegen.de) und beim Golf- und Landclub Wittow auf Rügen in Dranske-Lancken auf einem 6-Loch-Kurzplatz (Am Bakenberg; Tel. 03 83 91/ 91 40, Fax 9 14 14; E-Mail: sacher@rugana.de; im Sommer tgl. 9–21 Uhr).

Bei Sagard auf Jasmund am Gutsherrenhaus Neddesitz ist ein Sportareal für »Fit & Fitness-Fans« entstanden. Badminton, Boccia, Driving Range, Putting Green, Minigolf, Tennis und Tischtennis werden angeboten (Tel. 03 83 02/95).

Indoor-Sport

Es kann vorkommen, dass auch auf Rügen nicht die Sonne scheint und man sich dennoch bewegen möchte. Ein multifunktionales Sport- und Freizeitzentrum, Tiet un Wiel, gibt es in Samtens: eine Drei-Feld-Tennishalle, Squash auf vier Courts und Badminton auf vier Feldern, Kegeln auf sechs Bahnen, Bowling, Freeclimbing an einer 10 m hohen und bis zu 20 m breiten Kletterwand, Aerobic, Yoga, Tanz und Kampfsport. Außerdem eine Schwimm- und Saunalandschaft.

Radfahren

Allmählich wird Rügen zur idealen Radfahrerinsel, auch wenn man sich auf manchen Strecken ohne eigenen Fahrradweg vom Autoverkehr sehr an den Rand gedrängt und auch gefährdet fühlen dürfte. Das Radwegenetz umfasst mittlerweile jedoch schon fast 1000 km. Eine Rügenrundtour führt auf 330 km rund um die Insel.

MERIAN-Tipp

2 Seekajak

Der neueste Rügentrend heißt Seekajak, beworben als »eines der letzten Abenteuer unserer Zeit«. Das kleine Gefährt will, besonders in Ostseewellen, beherrscht sein, und das kann man lernen. Dann sind unberührte Strände und bizarres Gestein zugänglich, und man erlebt Tiere in ihren natürlichen Lebensräumen. Ob nur mal Schnuppern mit der ganzen Familie, Schulung oder geführte Tour bietet Seekajakreisen Thomas Trojan in Gager an: Tel. 03 83 08/3 48 80; www.seekajakreisen.de

Fahrradverleihe und Werkstätten gibt es reichlich, die Radwege sind gut ausgeschildert, und Radwanderkarten sind bei den Touristeninformationen und in vielen Hotels erhältlich.

Reiten

Etwa zwei Dutzend Reiterhöfe gibt es auf Rügen, einen in Kloster auf Hiddensee. Rügen verfügt über ein ausgedehntes Netz an Reitwegen, auf denen man die abwechslungsreiche Natur der Insel hoch zu Ross erleben kann, und auch einige Strandabschnitte an der Ostsee sind für Reiter freigegeben. Bei Tourenplanungen sind die Reiterhöfe behilflich. Die Adressen sind bei der Tourismuszentrale Rügen (→ S. 103) zu haben.

Segeln

Vom Hochseegebiet der Ostsee bis zu den ruhigen Boddengewässern bietet Rügen mit den vielen vorgelagerten Inseln ein ideales Segelrevier. Idyllische Fischerhäfen, Wasserwanderrastplätze und Yachthäfen bieten Liegeplätze an, so dass Segler dann auch die Insel erkunden können. Boote leihen (auch führerscheinfreie mit 5 PS), Yachten chartern, an Regatten und Segeltörns teilnehmen, aber auch alle Seefahrtscheine machen kann man im Wassersport-Resort Im-Jaich am Yachthafen in Lauterbach (Tel. 03 83 01/80 90; www.im-jaich.de). Segeln mit Katamaran und Jolle und den Sportbootführerschein machen kann man auch in der Wassersportschule Timpeltu am Strand von Lietzow (Tel. 01 73/1 51 39 70; www.timpeltu.com).

Skaten

Inlineskater können auf Rügen die asphaltierten Radwege nutzen.

Strände

Im Norden ⇢ S. 109, D–F 1

Etwa 4,5 km lang und 25 bis 30 m breit ist der Strand an der Nordküste der **Halbinsel Wittow**, er reicht von der Kreptitzer Heide, am Bakenberg vorbei bis zum Steilufer am Schwarbewald Richtung Kap Arkona. Zwei Reviere, ein Drittel des Strandes, sind für FKK ausgewiesen. Ständigem Wind ausgesetzt, ist die Treppe am Bakenberg oft unterspült, übersteigen die Wassertemperaturen in manchen Sommern kaum 12 Grad, und 17 gelten hier als warm.

Ein kleinerer FKK-Strand ist südlich von **Vitt** an der Steilküste gelegen. Man erreicht ihn auf dem Hochuferweg Campingplatz Altenkirchen, Vitt, Kap Arkona. Allerdings liegen hier viele Steine im Wasser.

Auf der **Schaabe** ist Rügens Badeparadies: Ein 250 m breiter Küstenschutzwald schirmt den Strand von der Straße ab, die Jasmund und Wittow verbindet. Eine lang gestreckte Düne mit einem 7 km langen und fast 50 m breiten, feinkörnigen Strand, der so flach ist, dass selbst Nichtschwimmer sich bis zu 50 m weit hinauswagen dürfen; in der Mitte sind etwa 3 km für FKK-Anhänger reserviert. Bei andauerndem Hoch bringt der Nordostwind hohe Wellen mit sich. Viele Parkmöglichkeiten an der Straße, zu viele Parkuhren an Waldparkplätzen und gelegentlich im Wald ein Imbissbüdchen, da empfiehlt sich die Mitnahme von Verpflegung.

Im Süden → S. 119, F 21–22
Zwischen **Thiessow** und **Lobbe** erstreckt sich ein etwa 30 m breiter, feinsandiger Strand, er beginnt am Campingplatz in Thiessow, wobei der erste Kilometer FKK-Strand ist. Erst nach 30 m Wasserwanderung ist Schwimmen möglich. Starke Brandung kann hier tückisch werden und gefährliche Löcher verursachen.

Surfen
Ideale Surfbedingungen herrschen meist an Boddengewässern. Surfschulen: Klein Zicker, Baabe, Lauterbach, Dranske (Uni Surf Team Rügen, Am Ufer 14 a, Dranske; Tel. 03 83 91/ 8 98 98; www.ustruegen.de) und im Ostseecamp Suhrendorf (Tel. 03 83 05/8 22 40; www.surfen-auf-ruegen.de).

Tauchen
120 Wracks liegen um die Nordspitze Rügens herum in der Ostsee. »Gellenwrack« war der Sensationsfund, den Forschungstaucher 1996, gerade 150 m vor der Südspitze Hiddensees, entdeckt und geborgen haben. Nicht alles auf dem Ostseegrund ist derart sensationell, aber der Landesverband für Unterwasserarchäologie wartet doch immer wieder mit einem neuen Fund auf. Alles keine Korallen, aber für diejenigen, die immer dachten, zum Tauchen müsse man in die Karibik fliegen, doch eine Überraschung. Nähere Auskunft: Schönis Tauchschule, Nordstr. 2, Göhren; Tel. 03 83 08/56 66; www.schoenis-tauchschule.de; Freizeit-Oase, Lobbe 32a; Tel. 03 83 08/23 14.

Tennis
Plätze gibt es in Bergen, Binz, Boldevitz, Sellin, Göhren, Juliusruh, Lancken, Neddesitz und in Samtens. Außen- und Innenplätze außerdem im Sport- und Freizeitzentrum Tiet un Wiel in Samtens und in der Anlage Steigenberger Maxx in Neddesitz.

Wandern
Das Nationalparkamt, das Biosphärenreservat, die Kurverwaltungen und Wandervereine bieten zu jeder Zeit geführte Touren an, die in den Tageszeitungen und bei den Fremdenverkehrsämtern veröffentlicht werden. Viele Fremdenverkehrsämter geben Wanderkarten aus, auf denen die nahe liegenden und im Allgemeinen gut ausgeschilderten Wanderrouten verzeichnet sind.

Windjammertörns
Mit Skipper und Bootsmann kann man sich auf zwei hochseetüchtigen Windjammern auf die Reise machen. Die 24 m lange »Galene« startet im Hafen von Lauterbach zu Törns im Greifswalder Bodden, und Heimathafen der 20 m langen »Sabia« ist Sassnitz. Von hier aus läuft sie nach Kap Arkona aus, zu Halbtagestörns zu den Kreidefelsen und auch auf längere Ostseetouren wie »Rund um Rügen«, nach Bornholm, Dänemark, Schweden oder Polen.
Windjammer-Reederei Rügen;
Tel. 03 83 07/4 05 55;
www.yachtcharter-ruegen.de

Rügen und Hiddensee warten mit zahlreichen Fahrradverleihen auf Urlauber, die die Reize der beiden Inseln sportlich erforschen wollen.

Familientipps – Hits für Kids

Nicht nur Strände, sondern auch spannende Museen sorgen für einen gelungenen Familienurlaub.

Das Deutsche Meeresmuseum in Stralsund (→ MERIAN-Tipp, S. 86) präsentiert neben anderen staunenswerten Riesenexponaten dieses 15 Meter lange Skelett eines Finnwals, der 1825 an Rügens Westküste strandete.

Väter greifen zur Schaufel, Kinder bleiben bei reiner Handarbeit: An den Ostseestränden werden Strandburgen gebaut. Es gibt überall Ballspielplätze, außerdem nagelneue Abenteuerspielplätze, denen die sanften Ostseewellen allerdings offensichtlich den Rang ablaufen. Wer dem Sandkuchenalter entwachsen ist, lässt Drachen steigen. Eine Fahrt mit der Schmalspurbahn ist immer noch ein Abenteuer, und dann gibt es Museen, die Kindern mindestens so viel Spaß machen wie Erwachsenen.

Hochseekutter ⇢ S. 59, b 3
Sie liegen an der Sassnitzer Mole und stechen jeden Tag in See. Zum Hochseeangeln fährt der Kutter »M. J. Kalinin« allerdings nur noch auf Vorbestellung aus. Sonst geht die Fahrt zum Kap nach Norden am Königsstuhl vorbei und zur Kreideküste.
Sassnitzer Mole; tgl. 10, 12.30, 14.30 und 16.30 Uhr

Kraniche
Ein besonderes Erlebnis erwartet die Besucher Rügens im September und Oktober. Der Nationalpark Vorpommersche Boddenlandschaft ist der größte Kranich-Schlafplatz Europas. Bis zu 30 000 der Vögel machen auf ihrem Weg nach Süden hier einen Zwischenstopp, um sich dort, wo Nahrung im Überfluss vorhanden ist, für die Weiterreise aufzupäppeln. In Begleitung eines Experten vom Kranichzentrum Groß Mohrdorf kann man mit einem Boddenkreuzer vom Hafen Schaprode aus ganz nah an die Schlafplätze gelangen. Während der 1,5-stündigen Fahrt erfährt man Wissenswertes zum Leben der Kraniche.
Tickets: Tel. 0 38 31/26 81 38; www.weisse-flotte.de

Nautilus ⇢ S. 118, A 21
In diesem Restaurant geht man auf Tauchstation, das Essen kommt aus Nemos Kombüse in Mannschafts- und Kapitänsmesse. Durch Bullaugen sieht man die Tiefsee – ein U-Boot, das der Nautilus aus Jules Vernes »20 000 Meilen unter dem Meer« nachempfunden ist, mit allem, was dazugehört, es auf Kurs zu halten.
Dorfstr. 17, Putbus-Neukamp; tgl. ab 11.30 Uhr ●● CREDIT

Spielzeugmuseum
⇢ Umschlagkarte hinten, d 6
Ursprünglich war dies ein Affenhaus im Schlosspark von Putbus, aber das ist lange her. Nun befindet sich in dem Haus eine liebevoll zusammengestellte Sammlung von Puppenstuben, Teddybären und Spieluhren.
Kastanienallee, Putbus; April–Sept. tgl. 10–17, Okt.–März Di–So 11–16 Uhr; Eintritt 3,50 €, Kinder 1,50 €

Schaufüttern im Meeresmuseum
⇢ S. 87, a/b 3
Es ist nicht weit aufs Festland nach Stralsund, wo das Deutsche Meeresmuseum eines der allerschönsten an der Ostseeküste ist. Und am Sonntagmorgen gibt's das Schaufüttern (→ MERIAN-Tipp, S. 86).
Katharinenberg 14/20, Stralsund; Tel. 0 38 31/2 65 00; tgl. 10–17, Juli/Aug. 9–18 Uhr, Schaufüttern So 11 Uhr; Eintritt 6,50 €, Kinder ab 4 Jahre 4,50 €

Störtebeker-Festspiele
→ Feste und Events, S. 21

MERIAN-Tipp

3 Jasmund Therme

Wasserratten ist die Freiluftbadesaison immer zu kurz. Aber auch im Herbst und Winter gibt es die Möglichkeit, sich in einer Badelandschaft zu vergnügen: 80 m Riesenrutsche, Kinderplantschbecken, Wasserspeicher, Strömungskanal, Außenbecken. Da kann man Saunapark und Kräuter-Dampfbad den Eltern überlassen.

Neddesitz; Tel. 03 83 02/9 77 70; tgl. 9–23 Uhr ⇢ S. 110, C 8

Unterwegs auf Rügen

Wer sich auf den Hochuferweg über der Steilküste am Kap Arkona (→ S. 70) im Norden der Insel begibt, wird mit außergewöhnlichen Ausblicken auf Meer und Land belohnt.

Ganz unterschiedliche Landschaften machen es dem Urlauber nicht leicht, sich für einen Ort zu entscheiden. Glücklicherweise sind die Entfernungen auf Rügen und Hiddensee kurz.

Binz, Granitz, Bergen und Putbus

Fürstliche Bäderkultur zwischen Ostsee und Rügenschem Bodden wie schon vor 200 Jahren.

Hier kann man noch die zauberhafte Sommerfrische-Atmosphäre vergangener Zeiten spüren: das zu Beginn des 20. Jahrhunderts erbaute Kurhaus (→ S. 34) von Binz.

Aus dem Endmoränengebiet der bewaldeten **Granitz**, des markantesten Höhenrückens Rügens zwischen Binz und Sellin an der Ostseeküste, ragt der Turm des Jagdschlosses über dem 107 m hohen Tempelberg. Ein Hochuferweg führt über die Steilküste, und der Wald wächst mancherorts fast bis ans Ufer. Es dampft und zischt und trötet, der Rasende Roland kürzt Wanderern zum Schloss den Weg ab. Wer auf dem Uferweg bleibt, riecht Farne, sieht Schachtelhalm und Beeren, passiert die romantische Piratenschlucht, bevor er mit Silvitzer Ort einen etwa 20 m hohen Küstenvorsprung erreicht, der zugleich herrlichen Ausblick auf Binz, die Prorer Wiek und den fast endlosen Badestrand bietet. Um die 4000 Jahre alt sind die Großsteingräber in der Feldmark westlich von Lancken-Granitz.

Es ist aber nicht allein die Natur, die Jahr um Jahr die meisten Rügenbesucher in den Südosten der Insel zieht, sondern **Binz**, mondänstes der Seebäder, falls ein solches Adjektiv heute noch angemessen ist. Vor hundert Jahren lag hier der »verlängerte Kurfürstendamm«, heute Rügens Nizza und Sorrent zugleich. Die teuersten Hotels, die feinsten Geschäfte, die besten Cocktails und das einzige Varietee der Insel finden Sommer- wie Wintergäste in den Straßen von Binz.

Es war ein Irrtum, der Fürst Wilhelm Malte I. dazu bewogen hatte, hier Mitte des 19. Jh. Badekarren und Hütten zum Umkleiden aufzustellen. Am Bodden in Lauterbach hatten die Herrschaften, die er einlud, nicht baden wollen. Dabei war ganz nah seine nagelneue Residenzstadt, das feine weiße **Putbus**, mit Schloss und riesigem Park gelegen. Das Städtchen ist wieder geweißt, litt jedoch zu lange nach der Wiedervereinigung unter ungewisser Zukunft wegen der Erbansprüche von Maltes Nachkommen. Jetzt ist es bald wieder so, wie es sein sollte, eine theatralische Residenzstadt in zauberhafter Umgebung. Wie familiär wirkt da **Sellin**, trotz Bäderarchitektur und schönster Seebrücke.

Nur in **Bergen**, seit dem 14. Jh. Marktort, Hauptstadt Rügens, hat niemand exotische Träume verwirklicht. Das Verwaltungs-, Handels- und Industriezentrum der Insel präsentiert sich bodenständig wie eh und je. Aber vom Ernst-Moritz-Arndt-Turm auf dem Rugard überblickt man sie alle, die Schönheiten von gestern und heute.

Binz

→ S. 115, D 15

5500 Einwohner
Stadtplan → Umschlagkarte hinten

Wenn auf Rügen im Sommer ein Ort ausgebucht ist, dann Binz, ein Schmuckstück mit alter und neuer Bäderarchitektur. 900 junge Linden säumen die 4,2 km lange Strandpromenade, auf der Nordrhein-Westfalen, Niedersachsen und zunehmend Bayern die lang währende Vorherrschaft der Sachsen brechen. Porträtzeichner und Bernsteinhändler werben zwischen Cocktail-, Waffel-, Bratwurst- und Immobilienverkäufern um die Gunst der Flaneure. Hier spielt sich das Sommerleben des sonst kleinen Ortes ab. Ehemalige langweilige Plattenbauten sind zu feinster Bäderarchitektur verwandelt worden, in denen Urlauber Fax im Zimmer und Fußbodenheizung im Bad ebenso wenig vermissen sollen wie Frühstück aus der Kupferküche hinter weißen Balkonbrüstungen über dem Meer.

Der Grundstein für künftige Größe wurde hier gleich mehrfach gelegt: 1830 begann die erste Saison im Fischerdorf »Byntze«, als der Fürst zu Putbus erkannt hatte, dass sein Lauterbach am Bodden doch nicht so günstig lag. Er ließ Schilfhütten für seine Gäste an der Mündung der Ahlbek, dem Abfluss des Schmachter Sees in die Ostsee, aufstellen. 1888 legten vier Berliner Millionäre, die Gebrüder Sommerfeld, zusammen und gründeten die »Actiengesellschaft Ostseebad Binz«, die Kurhaus und Promenade, Seebrücke und Pensionen baute – bis es zum Konkurs kam. Aber zu dem Zeitpunkt hatte Binz das bis dahin renommierte Seebad Sassnitz bereits überflügelt.

Nach der Enteignung durch die »Aktion Rose« 1952 wurden die Villen mit ihren Türmchen, Erkern und Balkonen zu kleinen Wohnungen für Vertriebene. DDR-Ministerpräsident Grotewohl erklärte das einst hochherrschaftliche Binz zum »Bad der Werktätigen«, und das waren die der SDAG (Sowjetisch Deutsche Aktiengesellschaft) Wismut, die sich hier von ihrer gesundheitsgefährdenden Arbeit im Uranbergbau erholen sollten. Als danach der FDGB Urlauberwohnheime mit 5000 Betten in die Dünen stellte, verfielen die verschnörkelten Villen. Nach der Wiedervereinigung kamen die alten Besitzer oder ihre Erben und andere finanzkräftige Interessenten. So viel Bäderarchitektur wie jetzt hatte Binz noch nie, und immer noch drehen sich die Kräne, aber das berühmte Kurhaus ist längst wieder in Betrieb.

Hotels/andere Unterkünfte

In Binz sind in erster Linie Unterkünfte der oberen oder Luxusklasse zu finden. Zahlreich und im Preis ähnlich sind Ferienwohnungen und -appartements mit Küche(nzeile) in den weißen Villen am Strand und drum herum. Günstiger wohnt man privat (wenige Angebote) und etwas abseits von der Strandpromenade.

Arkona Strandhotel

⇢ Umschlagkarte hinten, c 1

Im Sommer lockt der Strand vor der Tür und im Winter Arkona-Thermen, Vital- und Beauty-Center mit Thalassotherapie. Über Wellen scheint man die großzügige Hallenbar unter (Licht-)Sternen zu betreten. Keine 20er-Jahre-Heimeligkeit, sondern moderner Komfort. 1998 eröffnet.

Strandpromenade 59; Tel. 03 83 93/5 70, Fax 5 77 77; www.hotel-arkona.com; 196 Zimmer ●●●● CREDIT

Kurhaus Binz

⇢ Umschlagkarte hinten, e 1

Das berühmteste Haus der Seebäder auf Rügen hat sich selbst jahrelanger Kur unterziehen müssen und lädt nun wieder ins »Nizza des Nordens« ein: verschwenderische Suiten, manche über zwei Ebenen, mit eigenem Whirlpool und Sauna, »Bad der Nofretete« mit Blüten- und Aromagrotten, 700 qm Wellnessbereich mit Innen- und Außenpool, Wintergarten, Dampfbädern ... Cafés, Restaurants, Bars und Clubs, Tagungs- und Bankettträumen. Der Luxus pur ist für Kinder unter sechs Jahren kostenlos.

Strandpromenade 27; Tel. 03 83 93/66 50, Fax 66 55 55; www.travelcharme.com; 137 Zimmer ●●●● CREDIT

Im Schwedischen Hof

⇢ Umschlagkarte hinten, d 2

Kultururlauber werden im Haus einer Malerin mit Konzerten, Ausstellungen und Vorträgen verwöhnt. Wer will, kann die Ferienmalschule besuchen. Pommersche und nordische Spezialitäten serviert man am Kamin.

Sonnenstr. 1; Tel. 03 83 93/25 49, Fax 3 23 15; www.im-schwedischen-hof.de; 31 Zimmer ●●● CREDIT

Loev Hotel

⇢ Umschlagkarte hinten, e 1

1900 ist das Haus nah am Strand entstanden, jetzt wurde es von Grund auf saniert, im historischen Saal mit Stuckkuppel wird wieder getafelt, und nachts lockt der »Club Löwe«.

Hauptstr. 20–22; Tel. 03 83 93/3 90, Fax 3 94 44; www.loev.de; 77 Zimmer ●●● CREDIT

Villa Salve

⇢ Umschlagkarte hinten, d 1

Die Sommerterrasse ist ein Präsentierteller, ein Garten am Brunnen an

der Strandpromenade. Zu den Gästen der schönen Jugendstilvilla, mit Stilmöbeln ausgestattet, zählen auch Staatsoberhäupter. Brasserie und Cocktailbar stehen von morgens bis Mitternacht zu Diensten.
Strandpromenade 41;
Tel. 03 83 93/22 23, Fax 1 36 29;
www.ruegen-schewe.de; 13 Zimmer
●●● CREDIT

Dünenpark Binz
⟶ Umschlagkarte hinten, e 1
1996 eröffnete Ferienanlage, 150 m vom Strand und knapp 1 km vom Ortskern entfernt, mit Appartements für zwei bis sechs Personen. Bistro und Tante-Emma-Laden mit Brötchen, Zahnbürsten und Zeitungen im Haus, Rezeption mit diversem Service, Strandkorb- und Fahrradvermietung.
Vermietung:
Appartement Vermietung,
Dollahner Str. 55, 18609 Binz;
Tel. 03 83 93/4 80, Fax 4 89 99;
www.insel-urlaub-ruegen.de;
267 Appartements ●● CREDIT

Haus Karoline
⟶ Umschlagkarte hinten, e 1
Atelierhaus nahe der Strandpromenade, wo in einer Keramikwerkstatt die Fayencen der »Narrenkeramik« (→ S. 19) hergestellt werden, die auch die Bäder zieren. Das Büro für Grafik und Design zeigt sich ebenso im Treppenhaus, an den Balkonen und in der insgesamt kreativen Ausstattung der Wohnungen. Vermietung durch:
Kathrin und Lutz Grünke, Margaretenstr. 22; Tel. 03 83 93/3 37 26, Fax 3 37 25; www.hauskaroline.de; 4 Nichtraucher-Wohnungen (2–4 Personen) ●● CREDIT

SEHENSWERTES

Jagdschloss Granitz
⟶ S. 115, D 16
Ein klassizistisches Schloss steht, ca. 3,5 km von Binz entfernt, in der Granitz wie in einem Märchenwald: Zinnen, Erker und Findlinge im Fundament erinnern an das Mittelalter, errichtet wurde es 1837 bis1846 vom Berliner Architekten Johann Gottfried Steinmeyer. Es hat einen fast quadratischen Grundriss mit vier Ecktürmen. Mittelpunkt und Meisterwerk des beginnenden Industriezeitalters ist die gusseiserne Wendeltreppe mit 154 durchbrochenen Stufen aus der Berliner Eisengießerei Egells. Jede einzelne Stufe besteht aus geometrischen Ornamenten und Efeublattformen. Für den Lichthof entwarf Karl Friedrich Schinkel einen 38 m hohen Aussichtsturm. 144 m über dem Meeresspiegel liegt die Aussichtsplattform, die einen unvergleichlichen Blick über Rügen ermöglicht.

Von 1865 bis 1872 – damals brannte sein Schloss ab – wohnte der Fürst zu Putbus selbst in seinem »Gästehaus«. Seit 1982 wird das Jagdschloss restauriert; Säle und Salons sind mit nachgebautem und gekauftem Mobiliar ausgestattet. Originale Stücke sind nicht vorhanden, da das Schloss ab 1944 als Kinderferienlager diente. Zurzeit ist Granitz ein Jagdmuseum mit Schwerpunkt Natur- und Umweltschutz.

Man erreicht das Schloss zu Fuß auf einem schönen Wanderweg (ab Bahnhof, rote Markierung, ca. 3 km), mit dem **Rasenden Roland** (einfache Fahrt 3 €) oder, von Ostern bis Okt., mit dem **Jagdschlossexpress** (Hin- und Rückfahrt 7 €, Kinder 3 €) ab Seebrücke, Hotel Rugard, Dünenpark Binz, IFA Ferienpark von 9–16.30 Uhr, dreiviertelstündlich.
www.mv-schloesser.de; Okt.–April Di–So 10–16, Mai–Sept. tgl. 9–18 Uhr; Eintritt 3 €, Kinder 1,50 €; Wirtshaus Alte Brennerei; Mai–Sept. tgl. 10–18 Uhr, Okt.–April Di–So 11–17 Uhr ●● CREDIT

Prora ⟶ S. 114, C 14
Wie breite Betonkämme ziehen sich über 4,5 km die Reste dessen hin, was die Nationalsozialisten als erstes »Kraft-durch-Freude«-Bad für 20 000 Arier geplant hatten. Es ist nie voll-

endet worden und sieht heute aus wie eine Kaserne, so wie es auch Jahrzehnte genutzt wurde. Geplant waren allerdings Meeresterrassen und Theater, Kinos und Kuranlagen, Festplatz, Schule und Krankenhaus – es sollte die größte Stadt Rügens werden. Zwei Reichsmark am Tag sollte der Komforturlaub kosten, die Zimmer, 12 qm groß, mit Waschbecken und Heizung, waren zum Meer ausgerichtet: alles, um die Nerven zu stärken für den Sieg.

Ein Kieswerk wurde in Zirkow angelegt, der Hafen in Lauterbach ausgebaut, ein Wasserwerk auf den Dollahner Höhen errichtet, der Rügendamm gebaut und die Normalspurbahn zum Bahnhof nach Binz geführt. Im April 1938 legten acht Firmen die Fundamente für je ein Bettenhaus von 500 m Länge, entworfen vom Kölner Clemens Klotz, dessen Architektur seinem Namen alle Ehre macht. Dann kam der Krieg, und die Bauarbeiter wurden nach Peenemünde geschickt, um eine Raketenbasis zu errichten.

Aus der Urlauberkaserne wurde eine echte Kaserne, erst für die Wehrmacht, dann für die Nationale Volksarmee.

Nach der Wende zogen die Binzer Obdachlosen, Umschulungseinrichtungen, die Ausweichspielstätte des Putbuser Theaters und verschiedene Museen in Prora ein – es folgten endlose Diskussionen über Abriss, Ausbau oder Verkauf. 2005 wurde Block 3 verkauft, in dem sich ca. 50 Kulturinitiativen und Museen eingerichtet hatten, die zusammen an guten Tagen bis zu 2000 Besucher zählten. Die meisten wurden 2006 geschlossen. Bis 2010 soll hier eine der größten Jugendherbergen mit 500 Betten entstehen. Einen Jugendzeltplatz gibt es schon.

Museen

Binz-Museum

⟶ Umschlagkarte hinten, e 2

Die Geschichte des Ostseebades wird präsentiert, die der Bademoden und der Badesitten und der filigranen Bäderarchitektur.

Um auf den Aussichtsturm von Jagdschloss Granitz (→ S. 35) zu gelangen, müssen die 154 Stufen der filigranen schmiedeeisernen Wendeltreppe erklommen werden — und die haben es wahrlich in sich. Dafür wird man mit einem Blick über ganz Rügen belohnt.

Villa Odin, Zeppelinstr. 8; April–Okt. Di–So 10–18, Nov.–März 10–16 Uhr; Eintritt 3,50 €, Kinder bis 10 Jahre frei

Deutsches Boxsport-Museum

→ S. 114, C 14

Der ehemalige DDR-Boxmeister Leo Weichbrodt (1949, Mannschaft) hat 14 000 Exponate, Plakate, Fotos, Trophäen und Boxhandschuhe zusammengetragen und weiß auch so manche Geschichte zu erzählen. Zu seinen Gästen gehören auch die Meister von heute, die dann zumindest ein Autogramm hinterlassen.

Prora; Mo–Fr 10–17, Sa 10–13 Uhr; Eintritt gegen Spende

Dokumentationszentrum Prora

→ S. 114, C 14

Seit September 2007 wird an dem Projekt »Geschichte erleben in Prora« gearbeitet. Jugendliche sollen künftig hier Bildung und touristisches Erleben miteinander verbinden können. Jetzt schon gibt es die Dauerausstellung MACHTUrlaub, die 2003 und 2004 während des Programms Kultur 2000 der Europäischen Union mit Partnern aus Polen, Tschechien, Österreich und Holland erarbeitet wurde. Sie zeigt die Geschichte des als »Koloss von Rügen« verbrämten ehemaligen Seebades der Nationalsozialisten an der Prorer Wiek, auch historische Filme und Zeitzeugen-Interviews kann man erleben. Als Denkmal der Bau- und Sozialgeschichte des sogenannten Dritten Reiches ist die 4,5 km lange Anlage bekannt und wird von Hunderttausenden besucht. Sie steht unter Denkmalschutz und ist neben dem Reichsparteitagsgelände in Nürnberg die größte geschlossene architektonische Hinterlassenschaft der nationalsozialistischen Zeit.

Prora; www.proradok.de; März–Mai und Sept./Okt. tgl. 10–18, Juni–Aug. 9.30–19, Nov.–Feb. 11–16 Uhr; Führungen 11.45 und 14.30 Uhr; Eintritt 3 €, erm. 2 €, Kinder unter 14 Jahren frei

Eisenbahn & Technik Museum

→ S. 114, C 14

In der ehemaligen Armeehalle stehen auf 4000 qm und auf einem großen Freigelände Oldtimer, alte Lokomotiven (Diesel- und E-Loks), Rangierloks der Kreidewerke, Feuerwehrfahrzeuge (»Dennis Pumper«), Lastwagen und Zugmaschinen, eine Straßenbahn, Modelleisenbahnanlagen und eine Dampfschneeschleuder.

Prora; April–Okt. tgl. 10–17 Uhr; Eintritt 6 €, Kinder 3 €

Pommersches Kleinbahnmuseum

→ Umschlagkarte hinten, f 3

Wenn sie den Namen lesen, wird manchen Besuchern erst bewusst, dass sie sich in Vorpommern befinden und dass Pommern eine eigene Klein- und Schmalspurbahngeschichte hat, zu der auch der bekannte Rasende Roland (→ S. 45) gehört. Die historische Fahrkartenausgabe und Gepäckabfertigung zeigen, wie es früher zuging. Gleis- und Signalbau sind dargestellt, es gibt Modellanlagen und historische Aufnahmen.

Bahnhofstr. 56; tgl. 9.30–16 Uhr; Eintritt 2 €

Essen und Trinken

Viele Binzer Restaurants sind Hotel-Restaurants, daher haben fast alle täglich vom Frühstück ab 8.30 Uhr bis zum späten Abend, zumindest während der Saison, durchgehend geöffnet. Auch der Küchenschluss ist saisonabhängig. Wer im Winter kommt, muss damit rechnen, dass vieles geschlossen hat.

Die Düne

→ Umschlagkarte hinten, d 1

Abwechslungsreiche Fisch- und Fleischgerichte erfreuen Gourmets am Abend, aber das Hotel am Meer lockt mit zwei Restaurants: Schon um 12 Uhr duftet es aus der offenen Fischküche.

Strandpromenade 34; Tel. 03 83 93/4 40

●●● CREDIT

MERIAN-Tipp

4 Park der Sinne

Als Außenstandort der Internationalen Gartenausstellung Rostock bekam der Schmachter See in Binz, ohnehin ein 135 ha großes Wasser- und Freizeitparadies, Themengärten, Brunnen und Wasserspiele, Irrgarten und Skulpturengarten und lädt große und kleine Besucher dazu ein, alle Sinne zu gebrauchen. Im Duftgarten lassen sich Pflanzen erschnuppern, Summstein und Klangsäule fordern die Ohren, Skulpturen den Tastsinn heraus. Und dann gibt es noch die Kneipp-Anlage zum ganz traditionellen Wassertreten, außerdem Grill- und Teehäuschen.

Promenade am Schmachter See

→ Umschlagkarte hinten, d/e 3

Fischmarkt

→ Umschlagkarte hinten, d 1

Sehr gutes Spezialitätenrestaurant im Strandhotel Lissek, maritimes Ambiente zu fangfrischen Fischen und inseltypischen Gerichten. Reservieren!

Strandpromenade 33; Tel. 03 83 93/38 14 43 ●●● CREDIT

Orangerie Vier Jahreszeiten

→ Umschlagkarte hinten, e 2

Ins Hotel Vier Jahreszeiten umgezogen ist ein Restaurant, dessen Küche die Gäste von Anfang an in einem ausliegenden Buch lobten. Fantasie der Küche und Frische der Zutaten haben, falls möglich, zugenommen. Bourride vom Taschenkrebs & Seeteufel jedenfalls klingt französisch, Mosaik von Rügener Brühwurst ganz einheimisch. Probieren lohnt.

Zeppelinstr. 8; Tel. 03 83 93/5 04 44 ●●● CREDIT

Kaiser & Pomp

→ Umschlagkarte hinten, e 2

Italienische Vorspeisen, französische Käsesorten, Schinkenspezialitäten und Weine kann man aus dem gut sortierten Delikatessengeschäft ins Ferienappartement tragen – oder gleich auf der Terrasse kosten.

Paulstr. 1; Tel. 03 83 93/1 36 71; Mo–Sa 10–23, So 16–23 Uhr ●● CREDIT

EINKAUFEN

Glasbläserei Binz

→ Umschlagkarte hinten, d 2

Man kann zuschauen, wie sie entstehen: Gläser und Vasen, Kerzenhalter und Aschenbecher.

Schillerstr. 11

Narrenkeramik

→ Umschlagkarte hinten, e 1/2

Originelle und unkonventionelle Fayencen, zauberhaft bemaltes Keramikgeschirr (→ S. 19).

Margaretenstr. 22; www.narrenkeramik.de

Schmuck-Vitrine

→ Umschlagkarte hinten, e 2

Hier gibt es Hiddensee- und Bernsteinschmuck.

Hauptstr. 16

AM ABEND

Blue Café

→ Umschlagkarte hinten, d 1

Piano-Bar. Die Musik ist dem nicht mehr so ganz jungen Publikum angepasst, das nicht unbedingt tanzen, sondern eher zuhören möchte.

Hotel am Meer, Strandpromenade 34; Barbetrieb tgl. ab 17 Uhr

Der Löwe

→ Umschlagkarte hinten, e 1

Disco im Keller des Loev Hotels. Soul, Funk, Black Music.

Hauptstr. 22; Sommer tgl. ab 22 Uhr

Varieté Boddenbarsch

→ Umschlagkarte hinten, e 1

Seit Sommer 2002 knüpft Binz im Kurhaus-Saal an frühere glanzvolle Zeiten an.

Strandpromenade 27; Sommer Mi–So 20 Uhr

AKTIVITÄTEN

Erlebnisbad

→ Umschlagkarte hinten, westl. c 1

Subtropisches Flair mit Saunalandschaft, Wildwasserkanal, Kinderbecken, Poolbar und (echten) Palmen.

IFA Ferienpark Rügen, Strandpromenade 74; Tel. 03 83 93/9 20 70

Thalassotherapie

→ Umschlagkarte hinten, westl. c 1

IFA Ferienpark Rügen, Strandpromenade 74; Tel. 03 83 93/9 20 80, Fax 9 20 30

SERVICE

Auskunft

Fremdenverkehrsverein

→ Umschlagkarte hinten, e 2

Paulstr. 2, 18609 Ostseebad Binz; Tel. 03 83 93/66 57 40, Fax 66 57 50; www.gastgeber-binz.de

Behindertengerechte Strandzugänge

Seebrücke (Abgang 15), Margaretenstraße (Abgang 21), Goethestraße (Abgang 27) und Richtung Prora, Nähe Vitarium (Abgang 42).

Binzer Bäderbahn

Für Gäste mit Binzer Kurkarte kostenloser Pendelverkehr im Ortsgebiet. Abfahrtzeiten saisonabhängig.

Ziele in der Umgebung

Lancken-Granitz

→ S. 115, D 16

Rügens größte prähistorische Begräbnisstätte liegt etwa 1 km südwestlich des Ortes. Das gut erhaltene Gräberfeld im idyllischen Birkenhain umfasst fünf Gräber aus der Zeit zwischen 2300 und 2000 v. Chr. Es handelt sich wohl um Sippengräber von steinzeitlichen Viehzüchtern und Ackerbauern. Im beschaulichen Ort lohnt das mittelalterliche Kirchlein auf dem Hügel einen Blick.

7,5 km südl. von Binz

Sellin

→ S. 115, E 16

2600 Einwohner

Der kleine Ort hat Rügens schönste Seebrücke bekommen. Seit 2008 bringt eine Tauchgondel Besucher in die Unterwasserwelt. 1885 noch ein Fischerdorf, war es 1906 bereits ein Badeort mit einer 508 m langen Landungsbrücke, die starker Eisgang jedoch im Winter 1941/42 zerstörte.

Neue, moderne Hotels sind über der Steilküste entstanden, graue Holzveranden an manchem Ferienschlösschen warten noch auf den Prinzen, der Sanierung verspricht. Währenddessen mauserte sich die neue krumme Seebrücke, historisierende Türmchen zieren das Brückenhaus, es gibt Platz für Läden, Palmen und ein Tanzparkett. Außerdem wurde der Steg für die Schiffe um 180 m

MERIAN-Tipp

5 Rasender Roland

Der Rasende Roland ist nicht nur eine schnaufende Kleinbahn, deren Weg durch die Granitz Spaziergänger an der Dampfwolke ablesen können. Genauso heißt ein Restaurant, das misstrauische Rügengäste für eine Touristenfalle halten könnten, so hübsch ist es herausgeputzt. Sie irren: Man sitzt im Zug, im schmucken Abteil mit blanken Holztischen. Im Sommer wird auch draußen im Wandelgang hinter Holzspitzen in schönster Seebädertradition serviert. »Abstellgleis« kann man bestellen oder auch einen »Bremsklotz«, ohne zu befürchten, die Boulette werde wie ein solcher im Magen liegen. Fisch und Fleischgerichte gibt es. Freitags glüht im Sommer der Grill, und man kann aus den Salaten wählen.

Bahnhofstr. 54, Binz; Tel. 03 83 93/13 49 70; tgl. ab 11 Uhr ●● CREDIT

→ Umschlagkarte hinten, f 3

ins Meer verlängert, so dass sie wieder an- und ablegen können.

Sellin ist ein vergleichsweise leiser Badeort, bei dem die Steilküste den Tagesablauf bestimmt, denn sie wirft schon nachmittags Schatten auf den feinen Strand. Die Freilichtbühne an der Seebrücke ist im Sommer Veranstaltungsort für Feste und Musik. Gleich hinter dem Ort liegt der malerische Selliner See. Die Schafberge im Hintergrund gehören schon zum Mönchgut. Der mit Bäumchen bewachsene Wall ist der Mönchgraben, der der Legende nach die ehemalige Trennlinie zwischen weltlichem und geistlichem Besitz des Klosters Eldena in Greifswald gewesen ist. Tatsächlich soll er aber zu einer slawischen Befestigungsanlage gehört haben.
11,5 km südöstl. von Binz

Hotels/andere Unterkünfte

Ambiance

Feinste Bäderarchitektur im Park an Sellins Hauptstraße, Gäste werden in einer Wellness-Landschaft umsorgt und in drei mehrfach ausgezeichneten Restaurants verwöhnt.
Wilhelmstr. 34; Tel. 03 83 03/12 20; www.hotel-ambiance.de; 52 Zimmer ●●●● CREDIT

Cliff-Hotel

Das einstige Tophotel der DDR-Regierungsgreise mit Fahrstuhl zum Strand zählt auch heute zu den feinsten Adressen Rügens, durch die Lage zwischen Selliner See und Ostsee ist der Blick aufs Wasser garantiert. Sauna, Fitnessbereich, Tennisplatz und Kinderbetreuung gehören dazu.
Siedlung am Wald; Tel. (gebührenfrei) 08 00/2 54 33 46, Fax 03 83 03/84 50; www.cliff-hotel.de; 256 Zimmer ●●●● CREDIT

Pension Tatjana

Kein Zimmer gleicht dem andern, denn Künstler legen immer wieder neu Hand an, verändern Wandbilder und Skulpturen. Eine Dachterrasse erlaubt den Blick auf die Ostsee. Hinter dem Haus lädt im Sommer ein Garten mit Liegewiese zum Faulenzen ein, im Winter wärmt eine Sauna. Die original russischen Teegläser in der Teestube »Tschai Kowski« erinnern an die Transsibirische Eisenbahn, und ab mittags gibt es z. B. Ucha (Fischsuppe) und Pelmeni (gefüllte Teigtaschen) oder Zarenplinsen.
Wilhelmstr. 28; Tel. 03 83 03/14 50, Fax 8 56 93; www.pension-tatjana.de; 20 Zimmer ●● CREDIT

Museen

Bernsteinmuseum

Den größten Bernstein Rügens und schönste Exponate kann man bewundern, erfahren, woran man seinen eigenen Fund als Bernstein erkennt, und in die Werkstatt des Goldschmiedemeisters Kintzel blicken, der schöne Stücke zu edlem Schmuck verarbeitet.
Granitzer Str. 43; Tel. 03 83 03/8 72 79; www.bernsteinmuseum-sellin.de; Mo–Fr 10–12 und 14–17, Sa 10–12 Uhr; Eintritt 1,50 €, Kinder 0,50 €

Essen und Trinken

Ambiance

Entspannt speist man im Bistro oder edel-mediterran im Restaurant inmitten exquisiter Bäderarchitektur.
Wilhelmstr. 34; Tel. 03 83 03/12 20; www.hotel-ambiance.de; nur abends ●●●● CREDIT

Seebrücke

Im Sommer über der Ostsee, sonst windumtost und mediterran im Palmengarten oder im »Kaiserpavillon« im Flair der Gründerzeit genießt man gute Küche, vor allem Fisch.
Wilhelmstraße; Tel. 03 83 03/82 90; tgl. ab 10 Uhr ●● CREDIT

Aktivitäten

Nemo – die Wasserwelt

Spaßbad, bei dem der Pariser Architekt Gilles Edenne seine Hand im Spiel hatte. 585 qm Wasserfläche.
Seepark; So–Do 9–22, Fr/Sa bis 23 Uhr

Wanderung nach Moritzdorf
6 km Richtung Südosten und Altensien, am Selliner See entlang, kommt man nach Moritzdorf mit der Moritzburg, einem freundlichen Ausflugslokal mit Biergarten auf einem Berg (→ MERIAN-Tipp, S. 54).

SERVICE

Auskunft
Kurverwaltung
Warmbadstr. 4, 18586 Sellin;
Tel. 03 83 03/16 16, Fax 1 62 00;
www.ostseebad-sellin.de

Bergen

→ S. 114, A 15

16 000 Einwohner
Stadtplan → Umschlagkarte hinten

Als Marktplatz und Verwaltungszentrum konkurriert die Kreishauptstadt Bergen nicht mit den Badeorten.

Die Stadtgeschichte lässt sich bis ins 12. Jh. zurückverfolgen. Sie beginnt mit einem Kloster für Zisterzienserinnen aus dem dänischen Bistum Roskilde. Dem war Rügen seit 1169 unterstellt. Der Slawenfürst Jaromar I. verlegte seinen Sitz von Garz hierher. Zunächst waren Landwirtschaft und Fischerei die wichtigsten Erwerbszweige, erst Siedler aus dem Westen brachten zusätzlich Handel und Handwerk. Als Rügen zum Herzogtum Pommern-Wolgast gehörte (1325–1648), wurde Bergen Verwaltungssitz, Gerichtsort und wichtigster Marktplatz. 1613 erhielt Bergen Stadtrecht. Dreißigjähriger Krieg und Schwedenzeit hemmten die Entwicklung. Erst seit 1815, als sie preußisch wurde, gelang der Stadt ein echter ökonomischer Aufschwung.

Johann Jakob Grümbke (1771–1849) wurde in Bergen geboren und hat als gründlicher Historiker und Schriftsteller manch Lesenswertes und genau Beobachtetes hinterlassen: »Sobald man aber den Ort selbst erreicht, wie sehr findet man sich getäuscht, wie sehr verschwindet in der Nähe der Reiz, den die trügerische Ferne gewährte!«

Ganz steil geht es durch Neubauten der vergangenen Jahrzehnte manchmal auf und ab. Aber dann ist man auf dem **Marktplatz**, mit neuem Brunnen und altem Kopfsteinpflaster (inzwischen großer Parkplatz). Im Sommer stehen Tische und Stühle der angrenzenden Restaurants vor der Tür: ein hübscher Rastplatz in dem 800-jährigen Ort, dessen alte Häuser jedoch zwischen dem 15. und 17. Jh. zahlreichen Bränden zum Opfer fielen. Eine Ausnahme ist das schöne Fachwerkhaus am Marktplatz. Das älteste Haus Bergens wurde 1538 nach einem der großen Stadtbrände errichtet.

HOTELS/ANDERE UNTERKÜNFTE

Kaufmannshof

→ Umschlagkarte hinten, b 2

1906 handelte Paul Hermerschmidt in Bergen mit Kolonialwaren und Delikatessen, drei Generationen später ist ein Hotel am selben Ort entstanden. Es sticht ab vom neuen Einerlei,

Es gibt sie noch, die kleinen Oasen, die an die lange Geschichte des Marktplatzes Bergen erinnern.

erfreut das Auge mit vielen netten Details und liegt auch noch günstig mitten in der Altstadt.

Bahnhofstr. 6–8; Tel. 0 38 38/8 04 50, Fax 80 45 45; www.kaufmannshof.com; 18 Zimmer ●●● CREDIT

Sehenswertes

Ernst-Moritz-Arndt-Turm

⟶ S. 114, A 15

Auf dem 91 m hohen Rugard, in zehnminütiger Wanderung vom Marktplatz aus zu erreichen (ausgeschildert), soll im 8./9. Jh. schon ein Burgwall angelegt worden sein. Da war der Rugard noch unbewaldet. Fürst Wilhelm Malte zu Putbus ließ den Burgwall aufforsten, und zum 100. Geburtstag des Dichters Ernst-Moritz Arndt wurde 1869 der Grundstein für den Turm gelegt, der aber – aus Kriegs- und Finanzgründen – erst 1877 eingeweiht werden konnte.

Von der neuen Glaskuppel über den Bäumen, 118 m über dem Meeresspiegel, sieht man nach fast 100 Stufen Stubnitz und Kap Arkona, Stralsunds Türme und die Granitz mit dem Jagdschloss. Die Freilichtbühne nebenan wird für kulturelle Veranstaltungen, auch Filmvorführungen, genutzt. Seit Mai 2000 gibt es auch wieder ein Ausflugslokal.

Mai–Okt. tgl. 10–18, Dez.–März Mi–So 10–16 Uhr; Eintritt 1,50 €

Marienkirche

⟶ Umschlagkarte hinten, b 2

1180 ließ Fürst Jaromar I. den Grundstein für das wohl älteste Gebäude Rügens legen. Die romanische Basilika wurde später umgebaut und im 14. Jh. zur gotischen Hallenkirche. Im spätromanischen Chor zeigt ein wertvoller Freskenzyklus Paradies und höllisches Fegefeuer, die vermutlich ältesten Malereien in Vorpommern. Unter der Restaurierung von 1896 haben sie allerdings gelitten. Beichtstühle und Barockkanzel stammen aus der Stralsunder Werkstatt Jacob Freeses. Der wendische Grabstein in der westlichen Außenmauer zeigt vermutlich den Bauherrn Jaromar I.

Am Markt; Mai–Sept. 9–18, April und Okt. 10–11 und 14–15, Nov. und März bei Bedarf jeweils um 11 und 14 Uhr (dazu im Haus gegenüber dem Nordeingang melden)

Museen und Galerien

Galerie im Kulturhaus

⟶ Umschlagkarte hinten, b/c 2

Wechselnde Ausstellungen einheimischer und auswärtiger Künstler.

Am Markt

Stadtmuseum

⟶ Umschlagkarte hinten, b 2

Ein neues Museum ist neben Kirche und Klosterhof, 1193 für Nonnen des Zisterzienserordens St. Maria eingerichtet, entstanden. Es zeigt Exponate zur Stadtgeschichte, zu Rugard, Kloster und Marienkirche.

Billrothstr. 20a; Mai–Okt. Di–Sa 10–16.30, Nov.–April Di–Fr 10–15, Sa bis 13 Uhr; Eintritt 2 €, erm. 1 €

Essen und Trinken

Gutshaus Kubbelkow

Restaurant im Gutshaus im idyllischen Park mit kleiner, aber feiner Speisekarte und fantasievoller regionaler Küche.

Im Dorfe 8, Klein Kubbelkow; Tel. 0 38 38/8 22 77 77; Mo und Mi–Fr ab 18, Sa/So ab 12 Uhr ●●● CREDIT

Sonnenhaken ⟶ S. 114, A 15

Als »Haus der feinen Küche« wird das Restaurant im Hotel Sonnenhaken am Kleinen Jasmunder Bodden gelobt. Man blickt hinaus aufs Wasser, aber nicht nur Fisch wird exzellent zubereitet.

Buschvitz, Grüner Weg 9; Tel. 0 38 38/82 10; tgl. 8–22 Uhr ●● CREDIT

Aktivitäten

Buggy- und Go-Kart-Bahn

⟶ S. 114, A 15

B 196 Richtung Buschvitz; Tel. 0 38 38/20 94 85; tgl. ab 10 Uhr

Das Ende des 19. Jahrhunderts entstandene Neorenaissanceschloss von Ralswiek, dem die französischen Loireschlösser als Vorbild dienten, ist heute ein luxuriöses Hotel.

Sommer-Rodelbahn

→ S. 114, A 15

700 m lang ist die heiß begehrte rasante Talfahrt mit sieben Steilkurven und mehreren Jumps, bevor sie in einem Aktionskreisel endet.

Rugardweg 7 (nahe Ernst-Moritz-Arndt-Turm); April–Okt. tgl. 10–20, Nov.–März 13 Uhr bis Einbruch der Dunkelheit; eine Fahrt 2 €, Kinder: bis 3 Jahre frei, bis 14 Jahre 1,50 €

SERVICE

Auskunft

Touristen-Information

→ Umschlagkarte hinten, c 2

Markt 23, 18528 Bergen;
Tel. 0 38 38/81 12 76, Fax 81 11 27;
www.stadt-bergen-auf-ruegen.de

Ziele in der Umgebung

Ralswiek

→ S. 114, A 14

400 Einwohner

Der vermutlich größte Handelsplatz der Ranen im 8. und 9. Jh. besteht heute aus einer Hand voll Häuser, einem Hafen, einem Schloss und seltenen Bäumen sowie einem Holzkirchlein. Archäologen haben am Südufer des Großen Jasmunder Boddens 2200 arabische Silbermünzen aus jener Zeit gefunden, und das weist auf Handelsverbindungen bis nach Mittelasien hin.

Das **Neorenaissanceschloss** (1893/94) des Grafen Douglas ist zum Hotel umgebaut worden. Die 1907 von ihm in Auftrag gegebene Schwedenkapelle ist schön restauriert. Wanderer finden, wenn sie den frei zugänglichen Schlosspark mit dendrologischen Raritäten durchqueren, stille Wanderwege, auf denen man in Gegenden gelangt, welche selbst im Hochsommer einsam sind. Zu den Banzelvitzer Bergen führt ein abwechslungsreicher Weg durch Waldlichtungen, über Felder, an einer Schlucht vorbei zum Deichweg bei Moisselbritz und nach Rappin. Zurück kann man bei gutem trockenen Wetter einen schönen Moorweg nehmen. Markierung: rot-weißer Balken.

Aber wenn jeden Sommer Tausende nach Ralswiek kommen, dann hat das andere Gründe: die **Störtebeker-Festspiele** (→ S. 21). Wenn die Spielleute anwesend sind, wird der Ort zum Jahrmarkt.

Vom kleinen Hafen aus, wo es leckeren Räucherfisch auf einem Boot gibt, starten Kaffee-, Abend- und Angelfahrten.

11 km nördl. von Bergen

Hotels/andere Unterkünfte

Schlosshotel

Von der Ostseite blickt man auf den Großen Jasmunder Bodden und die Freilichtbühne, über die im Sommer Klaus Störtebeker jagt. Im Renaissanceschloss mit gehobener Küche (Grafenschenke) wohnt man auf der ruhigen Seite. Jugendstilfreunde finden Spuren, die der renommierte Architekt Henry van de Velde hinterließ.

Parkstr. 35;
Tel. 0 38 38/2 03 20, Fax 2 03 22 22;
www.schlosshotel-ralswiek.de;
56 Zimmer ●●● bis ●●●● CREDIT

Zirkow

→ S. 114, C 15

700 Einwohner

In bäuerlicher Landschaft wurde auf einem 260 Jahre alten, reetgedeckten **Museumshof**, einst Pachthof des Fürsten zu Putbus, zusammengetragen, was früher zum Bauernhof gehörte, vom Butterfass bis zur Erntekrone; auch über frühere Arbeitstechniken in der Landwirtschaft ist manches zu erfahren (Mo–Fr 9–17 Uhr, April–Okt. auch Sa/So 10–17 Uhr; Eintritt 3,50 €, Kinder 1,50 €).

7,5 km südöstl. von Bergen

Putbus

→ S. 114, B 16

4800 Einwohner
Stadtplan → Umschlagkarte hinten

Es sollte lange dauern, bis der Traum von Fürst Wilhelm Malte I. zu Putbus, eine eigene Residenzstadt zu haben, Wirklichkeit wurde. Weit gereist und gebildet, hatte er ganz konkrete Vorstellungen: ein weißes Städtchen mit Rosen vor der Tür, Stuck und Säulen. Die neue Mode, das Baden, kam ihm zu Hilfe, das war bei feinen Herrschaften in Bad Doberan am Heiligen Damm schon gängiges Vergnügen. Da ließ er im nahen Lauterbach am Rügischen Bodden Zelte für die Herren und Badekarren für die Damen an den Strand stellen und einem Wirtschaftsgebäude Säulen im griechi-

Im Hotel Wreecher Hof bei Putbus kommt man in sieben Häusern unter, die auf traditionelle Rügener Art mit Reet gedeckt sind.

schen Stil vorbauen. Die Abende verkürzte ein kleines Theaterstück, für die Jagd entwarf Johann Gottfried Steinmeyer, Schwiegersohn Karl Friedrich Schinkels, ein Schloss in der nahen Granitz. Die Krönung aber war der **Circus**, eine kreisrunde »Torte« aus Stein und Stuck.

Das klassizistische Städtchen, Europas letzte planmäßig gebaute Residenzstadt (1808–1823), würde vielleicht wieder wie zu Maltes Zeiten aussehen und Fremde von der weißen Stadt am Meer träumen lassen, hätte nicht ein Nachfahre nach der Wiedervereinigung Anspruch auf 15 000 ha Rügen angemeldet. Bis 1997 wurde vor Gerichten gefochten und gegen den Malte-Erben entschieden. Dieser Streit hat jedoch über die Jahre wesentliche Investitionen in Putbus verhindert. Vor den weißen Häusern aber blühen wieder rote Rosen.

Hotels/andere Unterkünfte

Wreecher Hof ···› S. 118, A 21
Sieben reetgedeckte Häuser, die Hotelzimmer, Sauna, Schwimmbad und Schönheitsfarm beherbergen, gruppieren sich außerhalb von Putbus in schöner Wiesenlandschaft um einen Hof. Sehr gutes Restaurant.
Kastanienallee, Putbus-Wreechen; Tel. 03 83 01/8 50, Fax 8 51 00; www.wreecher-hof.de; 43 Zimmer ●●● CREDIT

Sehenswertes

Circus ···› Umschlagkarte hinten, f 4
16 zwei- und dreigeschossige Häuser säumen einen kreisrunden Platz und lassen den Blick auf die umgebende Landschaft frei. Den runden Rasen in der Mitte teilen Kieswege wie Tortenstücke auf, und in der Mitte steht ein Obelisk zur Erinnerung an die Residenzgründung. Das Pädagogium an der Ecke Alleestraße war 1836 Rügens erste höhere Lehranstalt, für die Ausbildung adliger Söhne eingerichtet.

Rasender Roland ···› S. 114, B 16
Seit mehr als 100 Jahren schnauft die rügensche Kleinbahn, längst ein technisches Denkmal, nun regelmäßig zwischen Lauterbach, Putbus und Göhren, auf dem letzten Stück eines ehedem 97 km langen Streckennetzes, hin und her. Die Schmalspurbahn braucht für die 24,4 km lange Strecke über Binz, Jagdschloss Granitz, Sellin und Baabe eine gute Stunde und fährt zweistündlich. Fahrräder werden mitgenommen, und wenn es kalt wird, wärmt ein Öfchen das Abteil. 3
Tel. 03 83 01/8 01 12; www.rasender-roland.de; Einzelfahrkarte 1,60–8 € (nach Entfernung), Familienkarte (2 Erwachsene, 3 Kinder) 3,20–16 €; Ehrenlokführerausbildung, Sonderfahrten

Schlosspark ···› Umschlagkarte hinten, c/d/e/f 4–6
Um das Schloss oberhalb des Schwanenteiches, im Zweiten Weltkrieg beschädigt und 1962 abgerissen, ist 1804 bis 1825 ein Park im Stil englischer Landschaftsgärten angelegt worden. Den Eingang des 75 ha großen Geländes, das im 18. Jh. Barockgarten war, zieren seit dem Sommer 1997 wieder borghesische Fechter, Berliner Kopien aus Bronzeguss, denn die Originalfragmente stehen im Pariser Louvre. Ein Kursalon auf der anderen Teichseite ist 1892 zur **Schlosskirche** umgebaut worden. Der **Marstall** (1824) ist in ein Festspielhaus mit Opernbühne umgewandelt, in dem ehemaligen Reitstall finden Konzerte statt. Die **Orangerie**, seit 1853 mit verglaster Fassade, beherbergt die Putbus-Information und eine Ausstellung Rügener Künstler und Kunsthandwerker. Die beiden Löwen flankierten früher das Schlossportal, und auch die Kopie des Sterbenden Galliers stand bis 1962 am Schloss. Hinter dem Schloss befand sich das Malte-Denkmal von Friedrich Drake (1859). Auf dem Sockelrelief beraten

Der Circus (→ S. 45) in Putbus. Die im frühen 19. Jahrhundert am Reißbrett entworfene Residenzstadt hat ihre originale Bausubstanz vollständig bewahrt.

Schinkel, Steinmeyer und Stüler die Pläne für das Jagdschloss Granitz. In der alten Gärtnerwohnung, der Villa Löwenstein von 1829, die nach 1926 lange Zeit das Rosen-Café beherbergte, hat Otto von Bismarck als Gast der Fürstenfamilie im Oktober 1866 logiert. Er soll die Ruhe genossen haben, während er die Verfassung des Norddeutschen Bundes entwarf. Das Mausoleum (1850) birgt Sarkophage von Mitgliedern des Fürstenhauses. Das ehemalige Affenhaus ist heute **Spielzeugmuseum** (→ S. 29). Am Rand des Schlossparks erstreckt sich ein Wildgehege. Die Namen der exotischen Bäume und Sträucher im Park erfahren Sie bei Führungen.

Museen

Putbus-Museum

→ Umschlagkarte hinten, e 4–5

Entwicklung der Stadt, Fürst Malte und das Schloss.

Circus 1; tgl. 10–18 Uhr; Eintritt 3 €, Kinder 1,50 €

Uhren- und Musikgerätemuseum

→ Umschlagkarte hinten, d 4

Historische Werkstatt und 1000 Exponate. In den Garten baute Museumsgründer Franz Sklorz einen Automaten mit zwei Engeln, die Liebespfeile schmieden.

Alleestr. 13; Mai–Okt. tgl. 10–18, sonst 11–16 Uhr; Eintritt 3 €, Kinder bis 14 Jahre 1,50 €

Am Abend

Theater

→ Umschlagkarte hinten, e 4

Seit 1998 nach jahrelanger Restaurierung wieder eröffnet, finden Besucher ein historisches Juwel von 1821 vor. Carl Friedrich Graf Hahn, ein Freund des Fürsten Wilhelm Malte, hatte zum Bau gedrängt. Gespielt wurde im Sommer, wenn die Theater in den Städten Ferien machten.

Alleestr. 9 a; www.theater-putbus.org; Vorverkauf bei allen Tourist-Informationen, Kartenservice 03 83 01/8 08 30

Service

Auskunft

Putbus-Information

→ Umschlagkarte hinten, e 4

Alleestr. 35 (Orangerie), 18581 Putbus; Tel. 03 83 01/4 31, Fax 6 09 63; www.putbus.de

Ziele in der Umgebung

Insel Vilm

→ S. 118, B/C 21

Vom kleinen Hafen Lauterbach startet täglich »Julchen« hinüber auf die Insel Vilm, und »Sebastian« umrundet sie, 1 qkm groß, von 1955 bis 1959 in den organisierten DDR-Tourismus integriert und von da an für das Volk tabu. Mit elf reetgedeckten Häusern im Stil einer friesischen Fischersiedlung wurde die ehemalige Sommerfrische für Künstler zum Regierungsreservat. Alle Küstenformen der südlichen Ostsee sind hier im **Biosphärenreservat Südost-Rügen** im Miniaturformat vorhanden. Seit 1538 hat es keine wesentlichen Eingriffe in den Bestand gegeben, und so entwickelte sich Urwald und damit wohl das kostbarste Stückchen Land der Region. 400 Farn- und Blütenpflanzen, Moose und Flechten gedeihen ungestört. Seeadler und Brandgans, Fischreiher, Wendehals und Zwergschnäpper können in Ruhe ihre Eier ausbrüten. Vögel schaffen sich Brutstätten in den Höhlen alter Bäume. Zweimal im Jahr sind Regenpfeifer, Strand- und Wasserläufer auf der Durchreise zu Gast. Dort, wo die romantischen Maler Caspar David Friedrich, Carl Gustav Carus und Friedrich Preller die Natur malten und zugleich verklärten, sind heute, etwas abseits, nur die Mitarbeiter der akademischen Außenstelle Vilm des Bundesamtes für Naturschutz anzutreffen. Sonst ist der Besuch von Neugierigen begrenzt: Da täglich nur 30 Personen das Inselchen mit Führung betreten dürfen, empfiehlt sich rechtzeitige Voranmeldung bei:

Fahrgastreederei Lenz & Co;
Tel. 03 83 01/6 18 96, Fax 6 18 74;
großer kostenpflichtiger Parkplatz in Hafennähe in Lauterbach

Lauterbach

→ S. 118, B 21

In dem kleinen Hafenort ließ Fürst Wilhelm Malte keinen Badebetrieb am Meer oder Bodden einrichten, sondern im **Badehaus Goor**, das nach dem Wäldchen benannt ist, in dem einst Seidenraupen gezüchtet wurden. Die Einheimischen nennen das imposante klassizistische Gebäude Friedrich-Wilhelm-Bad. Wo bis zur Wende Arbeiter und Angestellte aus Eisenhüttenstadt ihre Freizeit verbrachten, ist hinter der monumentalen Säulenvorhalle von 1830 ein First-Class-Hotel entstanden und gebadet wird künftig im exklusiven Wellness-Bereich. Der Hafen ist saniert, der Vorplatz fein gepflastert und so zum lebhaften Mittelpunkt des Ortes geworden. An langen Tischen sitzen Einheimische beim Feierabendbier und hungrige Gäste nach dem Segeltörn vor dem Räucherschiff »Berta«, den Sonnenuntergang im Blick.

4 km südl. von Putbus

Hotels/andere Unterkünfte

Im-Jaich

Marina Lauterbach mit Segelakademie, Luxusappartements, schwimmenden Ferienwohnungen, Restaurant und Kneipe. Geeignet für Gruppen- und Einzelreisende.

Tel. 03 83 01/80 90, Fax 8 09 10;
www.im-jaich.de; 190 Betten ●●●

Essen und Trinken

The Four Seasons

Vier junge Gastronomen aus den Niederlanden haben das Hotel Lauterbach am See eröffnet und bieten im Wintergarten-Restaurant Gourmetküche und gute Weine.

Dorfstr. 14; Tel. 03 83 01/88 99 07;
tgl. 18–21.30, Mo–Fr auch 12–14 Uhr
●●● CREDIT

Berta

Auf dem Räucherschiff im Hafen verzehrt man Aal, Lachs & Co.

Tgl. ab 11 Uhr ●

Neukamp

→ S. 118, A 21

260 Einwohner

Das hübsche Fischerdorf eignet sich als Ausgangspunkt für Wanderungen und Radtouren. Verschwunden ist das Denkmal des Großen Kurfürsten, der mit brandenburgischen Truppen und 300 Booten im Jahr 1678 Rügen von den Schweden zurückerobern wollte.

4 km südl. von Putbus

Hotels/Essen und Trinken

Nautilus

Ein U-Boot, das ein Hotel und im Maschinenraum ein abenteuerliches Restaurant (→ S. 29) beherbergt.

Dorfstr. 17, Putbus-Neukamp;
Tel. 03 83 01/8 30, Fax 6 08 60;
www.ruegen-nautilus.de; 32 Zimmer
●●● CREDIT

Halbinsel Mönchgut

Rügens Sonnenseite mit ihrer bizarren Küste zeigt ihre ganz eigene Kultur nicht nur im Museum.

Der Nordstrand von Göhren verführt mit drei Kilometer feinstem Sand. Und an der Seebrücke steigt man in die Ausflugsschiffe zur Kreideküste und nach Usedom.

Mit langen, schmalen Armen greift das Land ins Meer und wird jeden Frühling und Herbst von den Fluten angeknabbert. Früher einmal soll die Halbinsel Mönchgut fast bis zur Insel Ruden gereicht haben. Vom **Zickerschen Berg** auf dem Zickerschen Hövt – von Zickerschen Alpen spricht man vor Ort – überblickt man die faszinierende Mischung von Wasser und Land, Blau und Grün, und macht sich dann an die Entdeckung des sonnigsten Rügenzipfels, der seine Eigenarten über die Jahrhunderte bewahrt hat.

Die Tracht der Mönchguter ist nicht nur Folklore oder Ausstellungsstück fürs Museum. Volkstanzgruppen bewahren die Tradition, die »Mönchguter Plattdänzer« beispielsweise tragen dieselbe Kleidung wie ihre Vorfahren vor 700 Jahren: die Männer weiße Pluderhosen, rote Westen und kurze schwarze Jacken mit hochstehendem Kragen, die Frauen »dat Bosdock«, ein wollenes, mit Perlen besticktes Brusttuch unter der nach hinten spitz zulaufenden, wattierten Mütze. Das passt auch, um »Schüddel die Büx« zu tanzen.

Im Mittelalter verlief der Mönchgraben nördlich von Baabe und trennte das entlegene Mönchgut von Rügen. Heute begrenzt er das Biosphärenreservat. 1251 hatten die Mönche des Klosters Eldena sich hier niedergelassen. Rügenfürst Jaromar II. hatte ihnen das Land Reddevitz überlassen, und später gelangte auch Insula Zicker, wie es hieß, in ihren Besitz. Die Mönchguter hatten wenig Kontakt mit dem Rest der Rügen-Welt. Fremde Handwerker und anderes Gewerbe hatten keinen Zutritt.

»Ist alles Rusch und Busch, Sand und Grand«, schrieben im 17. Jh. die Inspektoren der Grundherrschaft in ihre Bücher und rieten, neben Ackerbau Fischerei zu betreiben, wolle man ein Auskommen haben. So haben es die Mönchguter dann auch gehalten.

Göhren

→ S. 115, F 16

1300 Einwohner
Stadtplan → Umschlagkarte hinten

Seit mehr als 100 Jahren ist Göhren ein Seebad mit zwei Stränden für jede Tageszeit, mit einer Steilküste und seit Mai 2007 Rügens erster Kneipp-Kurort. Es ist außerdem die Endstation für den **Rasenden Roland**, der vielleicht auch einmal den Maler Lyonel Feininger, den Urwalddoktor Albert Schweitzer und den ersten DDR-Staatspräsidenten Wilhelm Pieck befördert hat. 1925 schon lauschten die Feriengäste vor der Konzertmuschel im Kurpark der Musik, aber sicher nicht den »Mönchguter Fischköpp« und anderen Shantychören, keinem Country oder Blues wie heute. Eine unglaubliche Fülle neuer rügenkreideweißer Häuser verspricht genug Unterkünfte für Urlauber aus Nordrhein-Westfalen, Niedersachsen und Sachsen, die mittlerweile das Gros der Göhren-Urlauber stellen. Seit 2003 flanieren Besucher auf der fast 2 km langen Bernsteinpromenade mit einem Pavillon, der schnell zum Treffpunkt geworden ist, unter Schatten spendenden Bäumen. Kleine Themengärten am Nordstrand mit Wassertretanlage und Steinlabyrinth fügen sich in die Landschaft.

Wer jedoch herkommt, weil zumindest das Mönchguter Museum mit seinen vier Filialen lockt, entdeckt auch die Räucherei im ältesten Gasthaus des Ortes, eine Bar, die manche die inselbeste nennen, ein Feinschmeckerlokal in einem Garten hoch auf dem Berg mit dementsprechend wunderbarer Aussicht und versteht so allmählich den ausgeprägten Lokalstolz der Göhrener.

Und wer Göhren nach Süden durch den Wald verlässt, wird verblüfft sein: Er erlebt Steigungen, die es ohne weiteres mit jedem Mittelgebirge aufnehmen können, bis sich, ganz plötzlich, wieder der Wald zum Strand hin lichtet.

MERIAN-Tipp

6 Villa Erika

Ein Holzhäuschen der vorletzten Jahrhundertwende, von 1891, eine Sommerpension, die restauriert und mit modernen Bädern und Gästeküche ausgestattet wurde. Außerdem: Grillplatz und Liegewiese. Das Häuschen wurde auf der Kraeft-Werft in Wolgast gebaut. Direkter Zugang zu Strand, Seebrücke und Kurpark.

Waldstr. 8, Göhren; Tel. 03 83 08/22 01; www.villa-erika-goehren.de; 7 Zimmer; Nichtraucherzone ●

→ Umschlagkarte hinten, b 5

Hotels/andere Unterkünfte

Hanseatic

→ Umschlagkarte hinten, c 5

Vom Aussichtsturm über dem höchsten Punkt der Landzunge Nordperd hat man einen überwältigenden Blick. Auch innen fehlt es an nichts: stilvoll eingerichtet, luxuriöses Bad. Die Wellness-Welt wurde 2004 mit dem Siegel des Deutschen Wellness-Verbandes ausgezeichnet. Der Berliner Salon darf sich Feinschmeckerlokal nennen.

Nordperdstr. 2; Tel. 03 83 08/5 15, Fax 5 16 00; www.hotel-hanseatic.de; 107 Zimmer ●●●● CREDIT

Nordperd

→ Umschlagkarte hinten, c 5

Oberhalb der Steilküste zwischen aufstrebenden Neubauten mit schönen Dependancen, den Villen Lo, gegenüber, und Brunhilde. Bäderlandschaft (Rügener Kreide) und Fitnessraum ergänzen das komfortable Angebot. Restaurant (→ S. 51).

Nordperdstr. 11; Tel. 03 83 08/70, Fax 71 60; www.travelcharme.com; 96 Zimmer ●●● AmEx MASTER

Sehenswertes

Buskam → S. 115, F 16

Ein Monstrum haben eiszeitliche Gletscher vor der Nordküste Göhrens abgelegt, einen Granitblock mit 40 m Umfang und 1600 t schwer. Die Slawen nannten ihn »bogis kamien«, den Gottesstein. 24 Personen sollen darauf Platz haben. Trotzdem: Anschwimmen verboten, möglicher Strudel wegen.

Museen

Mönchguter Museum heißt es, aber es sind vier, drei davon liegen direkt im Zentrum Göhrens, unmittelbar neben- und hintereinander.

www.moenchguter-museen-ruegen.de; Eintritt jeweils 3 €, Kinder 2,50 €

Heimatmuseum

→ Umschlagkarte hinten, b 5

In einem leuchtend weißen Lotsenhaus, das schon im 18. Jh. als Hausstelle erwähnt wurde, in der heutigen Form aber erst im 19. Jh. entstand, findet man Exponate zu Geschichte und Geografie des Mönchguts.

Strandstraße; Tel./Fax 03 83 08/21 75; Sommer tgl. 10–18, sonst bis 16 Uhr

Museumshof

→ Umschlagkarte hinten, c 5

Agrarhistorische Ausstellung in einer alten bäuerlicher Hofanlage mit Wohnhaus, Stallscheune (von 1680) und Stall. Außerdem: ein Wagen- und Geräteschuppen.

Sommer tgl. 10–18, sonst bis 16 Uhr

Museumsschiff

→ Umschlagkarte hinten, südl. b 6

Der Motorsegler »Luise«, 1906 als eisernes Plattbodenschiff in den Niederlanden gebaut, liegt hinter den Dünen am Südstrand als Dokument rügenscher Frachtschifffahrt.

Sommer tgl. 10–18, sonst bis 16 Uhr

Rauchhaus

→ Umschlagkarte hinten, b 6

Das »Rookhuus«, ein schornsteinloses Fischer- und Kleinbauernhaus aus dem 18. Jh., ist eine typische Armeleutewohnung jener Zeit.

Sommer tgl. 10–18, sonst bis 16 Uhr

Essen und Trinken

Berliner Salon

⇢ Umschlagkarte hinten, c 5

Karotten-Ingwer-Süppchen, Flusskrebsschwänze auf schwarzen Nudeln und Zitronengrassauce, Kalbstafelspitz unter Kartoffelkruste ... alles sehr, sehr gut.

Nordperdstr. 2 (Hotel Hanseatic); Tel. 03 83 08/5 15; Mo–Sa ab 18 Uhr ●●● CREDIT

Meeresblick

⇢ Umschlagkarte hinten, b 6

Monatlich wechselnde Speisekarte vom Feinsten. Mediterrane Gourmet-Küche, deren Grundlagen oft direkt auf der Insel gewachsen sind. Reservierung ratsam!

Friedrichstr. 2; Tel. 03 83 08/56 50; www.avr.de; tgl. 18–22 Uhr ●●● CREDIT

Nordperd

⇢ Umschlagkarte hinten, c 5

Hier über dem Ort wird die feine Küche gepflegt. Kulinarische Kalender künden saisonale Gaumenfreuden an, die man im Sommer im Gartenrestaurant genießen kann.

Nordperdstr. 11; Tel. 03 83 08/70; tgl. 11–15 und ab 18 Uhr ●●● CREDIT

Caprice

⇢ Umschlagkarte hinten, b 6

Es gibt eine umfangreiche Speisekarte, und Fisch- wie Fleischesser kommen auf ihre Kosten. Wer Abwechslung sucht, findet italienische und griechische Anleihen.

Thiessower Str. 2; Tel. 03 83 08/2 53 07; tgl. ab 11 Uhr, Nov.–Feb. Mo geschl. ●● CREDIT

Am Abend

Globetrotter

⇢ Umschlagkarte hinten, b 5

Mexikanisch-afrikanisches Café und Cocktailbar, dementsprechend eingerichtet, mit freundlichem Service, dezenter Musik und guter Cocktailauswahl.

Katharinenstr. 5; tgl. 12–1 Uhr

Aktivitäten

Kneippen

⇢ Umschlagkarte hinten, b 4

Auch wenn es nicht gleich so klingt: Es geht um Kuren. Seit Mai 2007 ist das drittgrößte Seebad Rügens der erste staatlich anerkannte Kneipp-Kurort in Mecklenburg-Vorpommern. Kneipp-Vereine gibt es schon seit einigen Jahren, und der Kneipp-Kindergarten Göhrens hat seit 2004 seine Stammgäste. Bemühungen, in Göhren anerkannte Kuren nach dem Vorbild Sebastian Kneipps (Wasserkuren, Wassertreten usw.) anzubieten, hatten schon 1999 begonnen.

Kneipp-Verein Rügen e. V., Strandstr. 12; Tel. 03 83 08/2 52 52; www.haus-bernstein.de/Kneipp

Nordperdhalle

⇢ Umschlagkarte hinten, c 5

Kraftraum, alle Hallensportarten.

Tel. 03 83 08/9 10 42

Auf Mönchgut wurde die historische Bauweise mit Reet- oder Rohrdach bewahrt. Das Dach, das die Bauern und Fischer selbst deckten, hielt meist eine Generation lang.

Jahrhundertelang durften Pastorenwitwen hier ihren Lebensabend verbringen, heute ist es Museum: das Pfarrwitwenhaus, ein architektonisches Juwel von Groß Zicker.

Schiffsverbindungen
→ Umschlagkarte hinten, b 4
Ab Seebrücke regelmäßige Fahrten nach Sassnitz, Binz, Usedom, Greifswald; Auskunft erhält man bei der Kurverwaltung.

Tennis
→ Umschlagkarte hinten, b/c 4
Drei Plätze im Kurpark am Nordstrand.

Wintersport
20 km Skilanglauf-Loipen, 350 m Rodelbahn, Rodelhang.

SERVICE

Auskunft

Fremdenverkehrsverein
→ Umschlagkarte hinten, a 5
Berliner Str. 8, 18586 Göhren;
Tel. 03 83 08/2 59 40, Fax 2 59 30

Kurverwaltung
→ Umschlagkarte hinten, b 5
Poststr. 9, 18586 Göhren;
Tel. 03 83 08/6 67 90, Fax 66 79 32;
www.goehren-ruegen.de

Ziel in der Umgebung

Baabe

→ S. 115, E 16

800 Einwohner

Kleiner Badeort mit wunderschönem 3 km langen Strand, dessen Kern seit slawischer Zeit am Selliner See lag und erst um die Jahrhundertwende, mit der Entwicklung zum Bad, meerwärts rutschte. Im alten Ortsteil an der Bollwerkstraße liegt Ecke Dorfstraße das kleine **Kutter- und Küstenfischermuseum** (tgl. 9–20 Uhr; Eintritt 2,50 €, Kinder 1,50 €) mit Booten und Handwerkszeug Mönchguter Fischer. Auf der Promenade parallel zum Strand erreicht man nach ca. 3 km Richtung Süden Göhren.

6 km nördl. von Göhren

HOTELS/ANDERE UNTERKÜNFTE

Solthus am See
Zwischen Selliner See, Greifswalder Bodden und Baaber Heide fällt ein seltsam geschwungenes Reetdach auf. Darunter verbirgt sich ein verfüh-

rerisches Hotel mit Rund-um-die-Uhr-Service und Thermenbereich. Das ausgezeichnete Restaurant (z. B. feine Ziegenkäseterrine, Lammnüsschen im Kräuternetz ...) bietet auch eine gute Weinauswahl.

Bollwerkstr. 1; Tel. 03 83 03/8 71 60; www.solthus.de; 39 Zimmer ●●●● CREDIT

Villa Granitz

Das Haus sieht nach schönster Bäderarchitektur des ausgehenden 19. Jh. aus, es wurde jedoch nagelneu und komfortabel an den Waldrand gezaubert. Laubengänge und stille Plätzchen mit plätscherndem Wasser und zwitschernden Vögeln im Innenhof. Und abends sitzt man am Kamin. Oder im Fischkutter an der Hotelbar.

Birkenallee 17; Tel. 03 83 03/14 10, Fax 1 41 44; www.villa-granitz.de; 60 Zimmer ●●●

Aktivitäten

Segeltörn mit dem Zeeseboot

»Schwat Johann« heißt das 100 Jahre alte Boot mit den dunkelroten Segeln, das zum Ausflug auf die Having mit Kurs auf die Urwaldinsel Vilm einlädt. So lässt sich mit Kapitän Berthold eins der schönsten Segelreviere der Insel erkunden. Früher waren Zeeseboote als Fischerboote auf allen Bodden unterwegs. Beim Zeesen wurde ein etwa 25 m langes Grundschleppnetz von einem Segler, dem Zeeseboot, geschleppt, was dem Fischer hohes seglerisches Können abverlangte. Längst haben Kutter die Segelboote abgelöst, wenn sie nicht auch Touristen schippern.

**Abfahrt ab Bollwerk Baabe;
Reservierung: Tel. 03 83 93/1 36 20,
Handy des Bootsmanns 01 73/8 50 54 58**

Service

Auskunft

Kurverwaltung

**Am Kurpark 9, 18586 Baabe;
Tel. 03 83 03/14 20, Fax 1 42 99;
www.baabe.de**

Internetcafé Baanet

Acht Computer online und Notebook-Anschluss für alle, die mal wieder ihre Mails abrufen müssen.

**Fritz-Worm-Str. 1; Tel. 03 83 03/9 59 80;
Mo–Fr 10–13 und 15–20, Sa 10–15 Uhr**

Groß Zicker S. 119, E 22

300 Einwohner

Vielleicht das schönste Dorf auf Rügen. Hinter Rohrdachhäusern steht geerntetes Rohr, gebunden, und wartet auf Verwendung zum Dachdecken. Auf Mönchgut hat die historische Bauform mit Reetdächern überlebt, weil Fischer und Bauern das Schilfrohr an langen Uferrändern selbst schneiden konnten. Das Handwerk wurde von Generation zu Generation weitervermittelt.

Besonders ins Auge fällt das **Pfarrwitwenhaus** hinter dem schönen Blumengarten an der Dorfstraße 21. Es ist eines der ältesten Wohnhäuser der Insel und wurde um 1723 als »Zuckerhuthaus«, ohne Schornstein mit hohem, spitzem Dach, erbaut. Mittellose Pfarrwitwen erhielten in dem

Damit ihnen die Fische nicht durchs Netz gehen, müssen sich die Fischer regelmäßig fürs Flicken Zeit nehmen.

MERIAN-Tipp

7 Moritzdorf

Ein idyllischer Ort, eine einzige Straße, und der Parkplatz liegt außerhalb. So geht man zu Fuß, wandert am Bodden entlang, lässt sich vom Fährmann vielleicht über die Having nach Baabe übersetzen oder erklimmt die Ausflugsgaststätte Moritzburg (Tel. 03 83 08/2 52 84; April–Okt. tgl. 11–22 Uhr ●● ▭), die als »Wilhelmshöhe« zwischen Having und Selliner See 1910 gebaut wurde, und genießt einen herrlichen Blick.

→ S. 115, E 16

aus Holz und Lehm errichteten niederdeutschen Hallenhaus Unterkunft. Nach dem Tod der letzten Pfarrwitwe wurde es Schule und anschließend Mietshaus bis 1984; seit 1988 ist es Museum. Man duckt sich unter niedrigen Türen und kann als Erinnerung für den heimischen Garten ein Tütchen Samen der großen Malven vor der Tür mitnehmen (Ostern–Mai und Okt. Mo–Sa 10–17, So 13–17, Juni und Sept. bis 18, Juli/Aug. bis 19 Uhr; Eintritt 3 €, Kinder 1,50 €).

Offen steht auch die Tür der kleinen gotischen **Kirche,** des ältesten Gebäudes auf Mönchgut. Die Bronzeglocke im Turm wurde im 15. Jh. gegossen; die Grabsteine im Chorraum, gespaltene Findlinge, sind zum Teil mit Hausmarken (Zeichen) statt Namen versehen. Zu den ältesten Stücken gehört der 500 Jahre alte Sakramentsschrein aus einem Eichenstamm.

Hotels/andere Unterkünfte

Taun Hövt

Luxuriöse Ferienwohnungen unter Reet in traumhafter Lage, dort, wo man eigentlich kein Haus mehr erwartet und das Dorf längst zu Ende ist.

Boddenstr. 61; Tel. 03 83 08/54 20, Fax 5 42 31; www.taun-hoevt.de; 9 Ferienwohnungen ●● MASTER

Zum trauten Fischerheim

Misstrauische vermuten vielleicht Plüsch und Plunder, doch weit gefehlt: Das eher rustikale Haus ist ländlich eingerichtet, mit Strandkorbcafé und Boddenblick.

Dörpstrat 15, Klein Zicker; Tel. 03 83 08/3 01 52, Fax 3 01 53; www.kleinzicker.de; 5 Zimmer ● CREDIT

Sehenswertes

Bakenberg → S. 119, E 21

Wenn auch mit 66,5 m die höchste Erhebung im Mönchgut, so ist der Berg selbst nicht das Sensationelle, sondern die sich immer wieder verändernden Ausblicke, der immer weitere Blick mit immer neuen Landzungen und Gewässern. Ein Rundwanderweg führt über den Bakenberg nach Gager und von dort am Hochufer durch das Zwickersche Höft in einem Naturschutzgebiet – mit Habichtskraut, Strandnelken und Strohblumen sowie einem neolithischen Dolmen – wieder zurück.

Ziele in der Umgebung

Alt Reddevitz → S. 119, E 21

In Middelhagen zweigt die Straße ab und führt in eine einsame und schöne Gegend, bis zum Reddewitzer Höft kann man wandern. Fischfreunde treffen sich dann in Kliesows Reuse in der Dorfstr. 23 a (Tel. 03 83 08/3 41 05), wo mittags (außer Di) und abends in einer umgebauten Scheune traditionelle Fischgerichte serviert werden (●● CREDIT). 7 Ferienwohnungen.

9,5 km nördl. von Groß Zicker

Lobbe → S. 119, F 21

300 Einwohner

An der Straße fällt ein Windrad auf, das, 1900 erbaut, bis 1955 zum Antrieb eines Wasserschöpfwerkes diente. Früher entwässerten 18 Windräder das Land, um es für die Landwirtschaft nutzbar zu machen. Der Ort, mit einigen hübschen Backsteinhäuschen, schönem Strand, zahlreichen DDR-Ruinen und vielen Gaststätten, hat auch ein neues schickes Aparthotel am Strand.

5 km nordöstl. von Groß Zicker

Hotels/andere Unterkünfte

Eldena

Etwas avantgardistisch die Architektur, umfassend der Komfort, Krafttrainer, Sauna, Restaurant und »Sansi-Bar«.

Göhrener Weg 40; Tel. 03 83 08/5 00, Fax 22 32; www.hotel-eldena.de; 30 Zimmer ●● bis ●●● CREDIT

Essen und Trinken

Zum Walfisch

Treffpunkt der Rügener Opposition, als noch keine Wessis am Nebentisch saßen. Seit mehr als 100 Jahren im Familienbesitz, gut und günstig und kleine Speisen auch außerhalb der Essenszeiten.

Dorfstr. 32; Tel. 2 54 67; www.walfisch-ruegen.de; tgl. ab 11.30 Uhr ●

Middelhagen S. 119, E 21

500 Einwohner

Zwei Gründe bringen Urlauber in den Ort, den Zisterzienser im 13. Jh. gründeten: Fernsehserienfans suchen auf dem Dorfplatz einen Bayern auf Rügen, die andern gegenüber neben der Kirche das **Schulmuseum**. Hier, in einer einklassigen Dorfschule im Küsterhaus, lernte man seit 1824 (bis 1962) fürs Leben (April, Mai und Okt. Di–So 10–16, Juni und Sept. tgl. 10–17, Juli/Aug. tgl. 10–18 Uhr; Eintritt 3 €, Kinder 1,50 €). In der spätmittelalterlichen **Katharinenkirche** nebenan gibt es im Sommer jeden Freitagabend Konzerte.

7 km nördl. von Groß Zicker

Hotels/andere Unterkünfte

Zur Linde

Nein, der mittelalterliche Dorfkrug der Zisterzienser heißt nicht Zum Störtebeker, so hieß er nur im Film, wurde 1993 restauriert und genießt – die voll besetzte Terrasse beweist es – bei Feriengästen hohes Ansehen.

Dorfstr. 20; Tel. 03 83 08/55 40, Fax 5 54 90; www.zur-linde-ruegen.de; 20 Zimmer ●● MASTER VISA

Thiessow S. 119, F 22

404 Einwohner

Das alte Lotsendorf hat einen steinfreien, kilometerlangen Strand. Vom Lotsenberg mit Aussichtsplattform (tgl. 8–18 Uhr) scheint Usedom so nah wie das Festland, aber südlicher geht's auf Mönchgut nicht. Am südlichsten Zipfel lässt es sich zum Südperd wandern. Geruhsame Ferien sind hier garantiert. Im Mai 2002 wurde ein neuer Fischereihafen in Betrieb genommen. In der Kurverwaltung gibt es ein Lotsenmuseum.

8,5 km südöstl. von Groß Zicker

Der idyllisch gelegene Gasthof Zur Linde in Middelhagen spielte auch in der TV-Serie »Ein Bayer auf Rügen« eine Rolle.

Halbinsel Jasmund

Zauberhafte Kreidefelsen, verwunschene Orte wie Lohme und das quirlige Hafenstädtchen Sassnitz.

Der Königsstuhl (→ S. 64) ist Rügens bekanntester Kreidefelsen. Man kann ihn von unten betrachten oder oben auf einer Plattform die grandiose Aussicht genießen.

Keine noch so schöne Postkarte gibt annähernd die Wirklichkeit wieder, für die auch Wilhelm von Humboldt nur unzulängliche Worte fand: »Es ist nicht möglich, einen einfacheren und erhabeneren Anblick zu finden.« Anrührend auch heute ein zufällig erlauschtes »Dass ich das sehen darf!« Die Besucher kommen jedes Jahr in Scharen, viele haben das Bild »Kreidefelsen auf Rügen« von Caspar David Friedrich (1774–1840) im Kopf, das der Greifswalder um 1818 malte. Um Kreidefelsen und das Waldgebiet der Stubnitz zu schützen, ist 1990 der 2500 ha große **Nationalpark Jasmund** gegründet worden, die Hälfte etwa war vorher schon Naturschutzgebiet. Wunderschöne Wanderwege, Hochuferpfade mit immer neuen Ausblicken durchziehen das Gebiet voller Quellen, Seen, Moore, Eschen und Erlen. Die Orte auf Jasmund sind klein, wenn man vom geschäftigen **Sassnitz** absieht. Die Hafenstadt plant wegen des fehlenden Strandes und nach dem Verlust der Skandinavienfähre ihre Zukunft als Einkaufs- und Kurmetropole.

Sassnitz

→ S. 115, D 13

12 700 Einwohner
Stadtplan → S. 59

Rügens zweitgrößte Stadt hat es schwer, sich heutzutage in der Ferienregion zu behaupten. Es ist 100 Jahre her, dass Sassnitz ein feines Seebad war, diesen Platz hat Binz längst besetzt. Für Ferienfreuden von heute fehlt Sassnitz der Strand. Die Seebrücke ist wegen des Hafens für die Schiffe überflüssig, sie dient jetzt Jugendlichen als Sprungturm ins kühle Nass. Aber gerade der Hafen mit seiner 1500 m langen Steinmole, mit Fischkuttern, Fährschiffen, Möwengekreisch, mit Uferpromenade, Läden und Buden macht das besondere Flair des Städtchens aus, das zwischen Prorer Wiek und den Krampaser Bergen auf einer etwa 30 m hohen Terrasse liegt. Erst 1906 ist das heutige Sassnitz aus den Dörfern Crampas und Sassnitz, der Fischersiedlung, die zum Kurort wurde, entstanden. Alt-Sassnitz liegt schön am Hang, langsam haben sich verfallene Häuser der Bäderarchitektur in neue, reizvolle Unterkünfte verwandelt. Die nördlichste Stadt der ehemaligen DDR und ihr bedeutendster Fischereihafen war bis 1998 über 100 Jahre lang Ausgangspunkt der »Königslinie«, der kürzesten Verbindung zwischen Mitteleuropa und Skandinavien. Doch durch die Verlagerung des Fährverkehrs nach Neu Mukran hat Sassnitz seine überregionale Bedeutung verloren. Für Wanderungen zum Nationalpark ist Sassnitz, das Fontane ebenso liebte wie Johannes Brahms, allerdings nach wie vor ein idealer Ausgangspunkt.

Hotels/andere Unterkünfte

Strandhotel → S. 59, d 1

Appartements mit Kamin und Ostseeblick (die meisten Zimmer), manche mit Veranda und eigener Sauna, manche mit kleiner Küche, aber immer Ferienwohnungen mit Hotelservice. Und unten an der Strandpromenade liegt gleich das Strandcafé mit Torten und Kuchen, aber auch Speiseangeboten – so verbirgt sich moderner Komfort hinter einer historischen Fassade und erlaubt einen Luxus-Urlaub.
Rosenstr. 12; Tel. 03 83 92/6 77 10; www.strandhotel-sassnitz.eu; 11 Appartements ●●● CREDIT ♿

Fürstenhof → S. 59, d 1

Wer um die wunderschön gelegenen Ostseeterrassen trauerte, freut sich über die Neueröffnung als historisierender Fürstenhof: Jetzt gibt es Ferienwohnungen mit offenen Loggien und Blick aufs Meer. Schwimmbad im Rügen-Hotel.
Rosenstr. 11; Tel. 03 83 92/5 30, Fax 5 33 33; www.ruegen-hotel.de; 24 Appartements ●● CREDIT

Rügen-Hotel → S. 59, b 2
Das Hotel, das zu DDR-Zeiten eins der größten und besten Hotels auf der Insel war, wurde 1969 von Schweden erbaut, um den skandinavischen Passagieren vom Fährhafen eine angemessene Unterkunft bereitzustellen. Der legendäre Blick vom 9. Stockwerk ist heute Hotelgästen beim Frühstück vorbehalten, das Restaurant wurde ins Erdgeschoss verlegt. Gäste des Hauses können die Schwimmhalle mit Wasserfall kostenlos benutzen.
Seestr. 1; Tel. 03 83 92/5 31 00, Fax 5 35 50; www.ruegen-hotel.de; 119 Zimmer ●● CREDIT

Waterkant → S. 59, b 2
Ganz unten liegen Hafen und Meer, vor dem Haus ein Garten mit Bänken und Springbrunnen. Eine alte Villa im Schweizer Stil lehnt sich an einen Neubau.
Walterstr. 3; Tel. 03 83 92/5 09 41, Fax 5 08 44; www.hotel-waterkant.de; 16 Zimmer ●● CREDIT

Sehenswertes

Hafen → S. 59, b/c 2–3
Wenn die Gischt über die Mole spritzt, arbeiten die Schiffseigner zu Hause, dann ist »kein Wetter« auf der Ostsee, jedenfalls keins für Ausflugsfahrten. Geschäftigkeit herrscht auch sonst, schließlich ist hier der **Fischereihafen**. Bei der Fülle der Angebote fällt es schwer, sich für einen der angebotenen Törns zu entscheiden (→ S. 60). Tipp: ein Büdchen nur, direkt am Fischereihafen. Frühmorgens gibt's hier Kaffee und dann leckeren frischen Fisch zu unschlagbaren Preisen, den man an den Tischen rundum in Gesellschaft Sassnitzer Seebären genießt.

5

Heimattiergarten → S. 59, nördl. d 1
Der Name sagt es schon, hier wohnen auf 2,3 ha 300 heimische Tierarten über der Stadt, Eulen und Greifvögel; aber es warten auch Ziegen und Schafe auf Streicheleinheiten.
Am Steinbachtal; April–Sept. tgl. 10–18, Okt.–März 10–16 Uhr; Eintritt 2,50 €, Kinder 1 €

Hochuferwanderweg → S. 59, östl. d 2
Hinter Strandpromenade und Kurplatz mit der großen Musikmuschel beginnt ein wunderschöner Hochuferwanderweg, der nach ca. 6 km zu den nun zerstörten **Wissower Klinken** (→ MERIAN-Spezial, S. 62) führt. Fast senkrecht fallen die Kreideformationen ins Meer, und der ein oder andere Baumriese ist schon abgestürzt. Man sollte die Absperrungen respektieren, da der Abstieg nirgends ganz ungefährlich ist.

Schmetterlingspark → S. 59, südwestl. a 3
Besucher werden in exotischer Farbenpracht umflattert. Ein kleiner Teich mit Wasserfall schafft das passende Klima. Der Atlas-Seidenspinner, der größte Parkbewohner mit fast 30 cm Flügelspannweite, lässt sich tagsüber nur im Schlaf besichtigen.
Straße der Jugend 6; www.alaris-schmetterlingspark.de; April–Sept. tgl. 9.30–17.30, Okt. 10 Uhr bis Dämmerung; Eintritt 5,90 €, Kinder 3 €

Museen

Fischerei- und Hafenmuseum → S. 59, c 2
Die Grenzen verwischen sich: Was gerade noch Gegenwart war, präsentiert sich schon als Geschichte, liebevoll dokumentiert. Im Kutter »Havel« gegenüber hängen noch die Mützen und Familienbilder an der Wand.
Im Stadthafen; www.hafenmuseum.de; tgl. 10–17 Uhr, Nov.–März Mo geschl.; Eintritt 3,50 €, Kinder 2 €

Landesmuseum für Unterwasserarchäologie → S. 59, a 3
Leben mit und auf dem Wasser, Funde von gesunkenen Schiffen.
Alter Fährhafen; www.archaeologie-mv.de/unterwasser; April–Okt. 10–18,

Nov.–März 10–17 Uhr; Eintritt 2,50 €, Kinder 1,50 €, mit Rügencard frei

U-Boot Museum

⇢ S. 59, südwestl. a 3

Im ehemaligen Fährhafen ist »Her Majesty's Submarine Otus« aufgetaucht. 28 Jahre war es im Dienst, 1991 wurde es ausgemustert.

Hafenstr. 12; www.hms-otus.com; Sommer 10–19, sonst bis 16 Uhr; Eintritt 5,50 €, Kinder 3 €

ESSEN UND TRINKEN

Altstadt Brasserie

⇢ S. 59, d 1

Mediterrane Assoziationen stellen sich rasch ein, wenn man in der schön sanierten windgeschützten Altstadt

die Frühlingssonne vor dem Haus genießen kann. Fisch bis Pasta, und ab September Muscheln, preist die Karte an.

Am Markt 4; Tel. 03 83 92/2 23 53; tgl. bis 24 Uhr ●● CREDIT

Gastmahl des Meeres → S. 59, d 2
Die weiße Kochmütze auf blauem Grund signalisiert: Man pflegt die »regionale Esskultur«. Alles aus Neptuns Reich, gebraten, gekocht, gedünstet, gibt es hier – in der Saison aber nur für den, der rechtzeitig einen Platz reserviert hat.

Strandpromenade 2; Tel. 03 83 92/51 70; tgl. ab 18 Uhr ●● CREDIT

Kapitänsmesse → S. 59, b 2
Klein ist es, das Hotelrestaurant, und das Größte daran ist der Blick von der Terrasse über Hafen und Meer. Dazu sollte man sich Jasmunder Fischsuppe und ein frisch gezapftes kühles Bier schmecken lassen.

Walterstr. 8; Tel. 03 83 92/5 78 58; tgl. ab 10 Uhr ●● CREDIT

AKTIVITÄTEN

Schiffsausflüge

Kalinin → S. 59, c 2
Ein Hochseekutter, 24 m lang, geht jeden Tag mehrfach auf Zweistundenfahrt an der Kreideküste entlang, auch Mehrstundenfahrten, Mondschein- und Charterfahrten sind auf Vorbestellung möglich.

Sassnitz Mole; Vorbestellungen bei KTG Kalinin Touristik Helmut Wünscher; Tel./Fax 03 83 92/3 21 80, Bordtelefon 01 71/7 25 82 34

Reederei Ostsee-Tour
Mit einem richtigen Bäderschiff geht es »Rund um Rügen«, an Binz und Mönchgut vorbei, auf die hohe See, um Kap Arkona und am Königsstuhl vorbei zurück. Es werden aber auch Fahrten nach Göhren, Sellin und Binz angeboten.

Tel. 03 83 92/31 50, Fax 5 06 72; www.Reederei-Ostsee-Tour.de

SERVICE

Auskunft

Fährauskunft
– Bornholm Ferries Sassnitz–Rønne
Tel. 03 83 92/6 44 20, Hotline 0 18 05/34 34 43
– Scandlines Deutschland (Linien Sassnitz–Trelleborg und Sassnitz–Rønne)
Tel. 0 18 05/34 34 43

Tourist Service Sassnitz → S. 59, b 2

Rügen-Galerie und im Stadthafen; Tel. 03 83 92/64 90, Fax 6 49 20; www.insassnitz.de

Ziele in der Umgebung

Bobbin → S. 110, B 8

Ein kleiner Ort, der immerhin mit drei Sehenswürdigkeiten aufwarten kann: einer Kirche, einem Schloss und einer wunderbaren Aussicht. Im Idealfall hat man sie sogar auf einen Blick, wenn man vor der kleinen, erhöht liegenden Kirche St. Paul steht, die von einem Friedhof mit ca. 50 verwitterten Grabwangen aus dem 18. und 19. Jh. umgeben ist. Um 1400 entstanden, ist sie die einzige Feldsteinkirche Rügens, die barocke Kanzel stiftete Graf Wrangel 1622. Die Wappen an der Patronatsempore gehören zu Putbus, Wrangel und Lauterbach. Der wunderschöne Ausblick reicht von der Binzer Bucht über Kap Arkona bis zur Schaabe und zur Wittower Fähre, und am Großen Jasmunder Bodden leuchten einem die roten Türme von **Schloss Spyker** am Spykerschen See entgegen. Die schwedische Königin Christine hatte es dem Feldmarschall Carl Gustav von Wrangel für seine Verdienste im Dreißigjährigen Krieg geschenkt. Er hatte es sich daraufhin nach dem Vorbild seines eigenen Schlosses am schwedischen Mälarsee umbauen lassen.

10,5 km nordwestl. von Sassnitz

Hotels/andere Unterkünfte

Schloss Spyker ⟶ S. 110, B 8

Manchem Gast ist es ein wenig zu steif. Nicht jeder ist zum Schlossbewohner geboren. Wie aus dickstem Zuckerguss wirkt das Schmuckstück des Hauses, die frühbarocke Stuckdecke, die die vier Jahreszeiten darstellt und dem Restaurant in der Beletage seinen Namen gab.

Schlossallee, 18551 Spyker;
Tel. 03 83 02/7 70, Fax 5 33 86;
www.schloss-spyker.de; 35 Zimmer
●● bis ●●● CREDIT

Feuersteinfelder

⟶ S. 114, C 14

Für Fußgänger eine Viertelstunde südlich von Neu Mukran, am Ende der Schmalen Heide und am Kleinen Jasmunder Bodden, liegt ein Naturwunder, das nur wenige als solches wahrnehmen. Zuerst sieht man nur Steine und Wacholderbüsche. Kiefer und Bergahorn wachsen hier, Krähenbeere, Heidekraut und Glockenheide. Auf einer 40 ha großen Fläche, fast 2 km lang und 400 m breit, verlaufen parallel zur Ostsee 14 hintereinander liegende Wälle aus grauweißem Feuersteingeröll, etwa 1 m hoch. Zum Teil sind sie von Dünensand überweht. Sturmhochwasser haben sie vor etwa 4000 Jahren aufgeworfen, der Kiefernwald wurde erst um 1840 angelegt.

Parkplatz aus Richtung Binz links (ausgeschildert), dann eine Viertelstunde Fußweg
7,5 km südl. von Sassnitz

Glowe

⟶ S. 110, A 7

1000 Einwohner

Früher war die Halbinsel Jasmund hier zu Ende, heute verbindet die Schaabe sie mit der Halbinsel Wittow. Erst im 19. Jh. war genug Sand zwischen Bodden und Tromper Wiek angeschwemmt worden, dass man die Nehrung bepflanzen und damit befes-

Von jahrhundertealten Buchsbäumen, Eschen und Linden umgeben, liegt Schloss Spyker am Rande des Nationalparks Jasmund. Es wurde Mitte des 13. Jahrhunderts errichtet und gilt damit als ältester erhaltener Profanbau der Insel.

Das weiße Gold der Insel

Rügens Kreidefelsen entzücken Romantiker, dienen aber auch handfesteren Zwecken.

Der Wolf hatte Kreide gefressen, damit seine Stimme so hell und samtig klänge, als gehöre sie der Mutter. Schließlich sollten die sieben Geißlein die Tür öffnen, damit er sie fressen könnte, und sie sollten nicht gleich Verdacht schöpfen. Ob das stimmt oder nur in Märchen funktioniert? Wenn man aber ein Beutelchen Rügener Heilkreide mit zweieinhalb Teelöffeln Wasser und einem Spritzer Olivenöl vermischt und dünn auf das Gesicht aufträgt, fühlt sich die Haut nach einer Viertelstunde, wenn die Maske abgewaschen ist, ganz samtig an. Das schwören jedenfalls die Wellness-Propheten, die heute den berühmten weißen Schatz von Rügen – oft bei esoterischen Klängen, gelegentlich mit Seewasser, Stutenmilch oder auch Algen vermischt – zur kosmetischen oder Rheumabehandlung einsetzen. Mitte der 90er-Jahre hat Rügen die Kreide als Attraktion für den Gesundheitstourismus wieder entdeckt und so eine neue Kreidezeit begonnen.

Gestaltungskräfte der Natur

»Gewachsen« ist Rügens Kreideküste an den Steilufern der Halbinsel Jasmund und am Kap Arkona vor mehr als 70 Millionen Jahren, als ein Schelfmeer, von Muscheln, Korallen, Algen und Seesternen bewohnt, sich von England bis zum Kaspischen Meer erstreckte. Über Millionen Jahre häufte sich aus abgestorbenen Panzern, Skeletten und Schalen ein Kreidesediment an, das die Wucht der Eismassen unendlich viel später – vor 10 000 Jahren – ans Tageslicht brach, als kilometerhohe Gletscher die Kreideblöcke aus dem Untergrund rissen und quer stellten, die Gerölle der letzten Eiszeit Rügen formten.

Wer die Kreideküste nicht besucht hat, hat Rügen nicht gesehen. Den Königsstuhl, rosig im Morgenlicht und dann schneeweiß. Und viele haben den Ort gesucht, der Caspar David Friedrich Motiv für seine »Kreidefelsen auf Rügen« gewesen sein könnte. Sie haben ihn in den Wissower Klinken vermutet, einem bizarren

Gebilde, riesigen Elchschaufeln ähnlich, die in einer Februarnacht 2005 ins Meer stürzten. Ein Küstenabbruch im März 2005 bei Lohme, so groß wie zwei Fußballfelder, schob ein Haus an den Steilküstenrand. Heute weiß man, dass die Kreidefelsen des Malers 1818 anders ausgesehen haben und Wind und Wetter wieder neue Formationen schaffen werden.

Wo Kreide zum Einsatz kommt

Mitte des 19. Jh. war Kreide zum Industriezweig geworden. Die Arbeit war schwer: An einem Seil hängende Arbeiter hackten in einer trichterförmigen Wand die Kreide ab, die in eine Kipplore fiel. Dann wurde das Material geschlämmt, das heißt, in Wasser setzten sich die Feuersteine ab, in Absetzrinnen wurden Verunreinigungen aufgefangen, dann trocknete die Kreide, und nach vier bis fünf Wochen konnte die Schlämmkreide in Holzfässer verpackt und verschifft werden. Erst 1962 beim neuen Kreidewerk in Klementelvitz wurde die Produktion voll mechanisiert: Vom Abbau bis zur Verpackung brauchte man nur noch 80 Minuten. Die Privatisierung 1993 brachte mit weiteren Modernisierungen und dem Einsatz von Schaufelradbaggern ein Jahresergebnis von 200 000 Tonnen.

Heute wird Kreide als Füllstoff in der Kabelindustrie verwendet, bei Kunststoff und Folien, bei der Porzellan- und Steingutherstellung, bei Rauchgasentschwefelungsanlagen, in der Fliesenindustrie, als Kalziumträger bei Futtermitteln, als Pigmentträger in der Farben- und Lackindustrie. Rügens Häuser sind rügenkreideweiß. Nur die Schultafel-Kreide ist gar keine. Sie besteht aus Gips.

Als Heilkreide wurde das weiße Pulver schon 1910 in Sassnitz genutzt. Aber die Anwendung wurde eingestellt, der Kreideschlamm sollte nicht das marode Abwassersystem verstopfen. Unverändert ist die Freude von Rügenbesuchern am »Abfall«, der aus Abbrüchen ausgespült wird: Feuersteine, durchlöcherte »Hühnergötter«, »Donnerkeile« von ausgestorbenen Kopffüßlern.

Noch mehr interessante Details zur Kreide bieten Kreidemuseum und -lehrpfad bei Neddesitz (→ S. 67).

Weitere Infos zum Thema Kreide unter:
→ www.heilkreide.de

Rügens Wahrzeichen: Die zerklüftete Kreideküste zwischen Sassnitz und dem Königsstuhl leuchtet je nach Tageszeit in unterschiedlichen Farbtönen.

Der steinerne Balkon der Viktoriasicht südlich des Königsstuhls heißt seit 1865 so, als Kaiser Wilhelm I. und seine Frau ihn besuchten.

tigen konnte. Hinter dem 250 m breiten Kiefernwald liegt, von der Straße nicht einsehbar, einer der schönsten und längsten Rügener Strände, stellenweise ist er 50 m breit. Den 8,7 km langen Radweg nach Juliusruh bevölkern auch Inlineskater. Das Fischerdorf hat sich zum Ferienort entwickelt. Kurklinik, ein kleiner Hafen, einige Geschäfte, Hotels und Ferienwohnungen säumen die Hauptstraße. Im nördlich nahebei gelegenen Ruschvitz, einst Hof der Herrschaft Spyker, soll der Seeräuber Klaus Störtebeker geboren worden sein.
16 km nordwestl. von Sassnitz

Hotels/andere Unterkünfte

Meeresblick
Das Meer ist auf der anderen Straßenseite, und von 15 Zimmern aus kann man es sehen. Das komfortable Haus hat zwei Restaurants und einen Wintergarten.
Waldsiedlung 129 a; Tel. 03 83 02/74 40, Fax 74 42 11; www.ruegen-meerblick.de; 31 Zimmer ●● CREDIT

Service

Auskunft
Tourismusverein Gemeinde Glowe
Bungalowsiedlung 35, 18551 Glowe; Tel. 03 83 02/5 30 26, Fax 5 32 73; www.glowe.de

Königsstuhl und Nationalpark Jasmund

→ S. 111, D/E 7–8

Schmale Stufen führen über das Königsgrab aus der Bronzezeit zu der 200 qm großen Plattform hinauf. Und wenn man dort angelangt ist, hat man aus 118 m Höhe – und in der Saison gegen fürstlichen Eintritt – einen wunderschönen, unvergleichlichen Blick über die **Kreideküste**. Am schönsten ist es vormittags, wenn Sonne die Kreide, die im Schatten grau schimmert, leuchtend weiß färbt. Der Sage nach wurde der, dem es gelang, den steilen Felsen von der Seeseite zu erklimmen, auf einem steinernen Stuhl zum König gekrönt.

6

Auf dem Parkplatz Hagen ist der Weg für Autofahrer zu Ende. Man kann mit dem Pendelbus durch den Nationalpark weiterfahren oder zu Fuß gehen, eine schöne halbe Stunde durch den Wald. Seerosen blühen auf dem **Herthasee**, einem 11 m tiefen Wasser, das die letzte Eiszeit als Toteisblock hinterließ. Die schöne germanische Göttin Hertha, so erzählt die Legende, soll nach ihren anstrengenden Arbeitstagen hier gebadet haben. Von ihrer Schönheit ist wenig überliefert, da alle Bediensteten, die bei der Badezeremonie anwesend waren, ertränkt wurden, damit sie nicht erzählen konnten, was sie gesehen hatten. Ein hoher Wall kurz hinter dem See ist alles, was von einem slawischen Burgwall übrig blieb. Fünf Minuten Fußweg nach Süden ist die **Viktoriasicht** vom Königsstuhl entfernt, ein steinerner Balkon, der unentgeltlich zu betreten ist.

Schöne Wanderwege führen von Lohme über das Hochufer zum Königsstuhl (ca. 5 km). 12 km sind es von Sassnitz. Von hier aus erreicht man jedoch nach ca. einer Stunde die **Wissower Klinken**, die ihre bizarren Zinnen verloren haben (→ MERIAN-Spezial, S. 62). Ganz in der Nähe die **Ernst-Moritz-Arndt-Sicht**, für die man nichts bezahlen muss. Immer wieder gibt es Gelegenheiten zum Abstieg, der allerdings nur absolut trittsicheren Wanderern zu empfehlen ist.

Der etwa 30 qm große Nationalpark Jasmund umfasst mehr als die großartigste Kreidesteilküste Deutschlands mit dem Königsstuhl. Flächenmäßig am bedeutendsten sind die Buchenwälder der Stubnitz (slaw. Stufenland) mit jahrhundertealten Bäumen, feuchten Bachschluchten und kleinen Mooren. Verstreut liegen vorzeitliche Hügelgräber, Großsteingräber und Reste slawischer Burgwallanlagen. Etwas abseits findet man die aufgelassenen Kreidebrüche von **Quoltitz** mit wertvollen Magerrasen und Tümpeln, bereits 1986 als Naturschutzgebiet ausgewiesen. In der Nähe der Kreidebrüche steht ein vorzeitlicher Opferstein nahe mittelalterlichen Fürstengräbern.

Während der Vogelflugzeiten im Frühjahr und Herbst lassen sich von der Steilküste aus durchziehende und überwinternde Schwäne, Gänse und Enten beobachten. Zehntausende – Blessgans, Grau-, Saatgans und die aus Nordamerika eingebürgerte Kanadagans, neben dem Höckerschwan auch der aus Nordosteuropa und Sibirien stammende Singschwan und Kraniche – besetzen dann die Ackerflächen der Insel. Eine Mehlschwalbenkolonie ist hier ebenfalls zu Hause. Für alle Vogelarten gilt, dass man nicht versuchen sollte, sich ihnen zu nähern, um unnötige Fluchten und dadurch Energieverschwendung zu vermeiden. Wer sich an die markierten Wanderwege hält, wird seltene Pflanzen und Tiere entdecken. Das 2004 eröffnete **Nationalpark-Zentrum** am Königsstuhl informiert mit Ausstellung, Multivisionskino, Wald-Spiellandschaft, Freilandlabor und Experimentierraum. Wer will, kann einen ganzen Tag damit verbringen, unter der Ostsee zu wandeln, Maulwürfe im Waldboden zu beobachten, Gletscher der Eiszeit zu spüren und vieles mehr. Das Bistro-Restaurant serviert regionale ökologische Gerichte (Info-Tel. 03 83 92/ 66 17 66; www.koenigsstuhl.com; Ostern–Okt. tgl. 9–19, sonst 10–17 Uhr; Eintritt – für Busfahrt ab Parkplatz Hagen, Königsstuhl und Nationalpark-Zentrum – 6 €, Kinder bis 5 Jahre frei, Kinder von 6–14 Jahren 3 €).

Königsstuhl 12 km, Nationalpark 4 km nördl. von Sassnitz

Hotels/andere Unterkünfte

Baumhaus → S. 111, D 8

Seit 1990 gehört das Stubnitz-Waldgebiet zum Nationalpark Jasmund. Er entstand 1992 auf historischem Gelände, weil sich hier einst das Baumhaus eines Waldgrafen befand. Das Hotel unterm Reetdach ist eine ideale Unterkunft für Wanderer.

18551 Hagen auf Rügen;
Tel. 03 83 92/2 23 10, Fax 6 68 69;
www.baumhaushagen.im-web.de;
10 Zimmer ●● CREDIT

Lietzow

→ S. 114, B 13

330 Einwohner

Auf dem Weg von Bergen nach Jasmund passiert man eine Straße, die links und rechts ans Wasser zu grenzen scheint. Es ist ein künstlicher Eisenbahndamm, der seit 1868 den Großen und Kleinen Jasmunder Bodden trennt. Bei Ausgrabungen sind Fundstücke aus der Jungsteinzeit geborgen worden. Ein weißes Schloss thront über dem Ort auf einem Berg, eine Kopie des romantischen Schlösschens Lichtenstein bei Reutlingen. Es war angeblich früher das Wohnhaus eines Bahningenieurs und wird auch jetzt privat genutzt.

14 km südwestl. von Sassnitz

Essen und Trinken

Traditions-Fischräucherei

Butterfischfilet oder Ostsee-Wilddorsch verzehrt man in »Uns Rökerhus« in sehr rustikalem Ambiente bei Rügens ältester Fischräucherei. In »Uns Schün«, der Scheune, findet man vielleicht auch ein Rügener Produkt – zum Beispiel eins mit Sanddorn, der Vitamin-C-Bombe der Insel, oder den »Rügener Badejungen«, einen Sahne-Camembert – zum Mitnehmen.

Spitzer Ort 7; Tel. 03 83 02/5 69 66;
Räucherfischverkauf tgl. ab 8 Uhr,
Restaurant tgl. ab 11 Uhr, Hofladen tgl.
ab 11 Uhr, Mai–Okt. Do Markt

Lohme

→ S. 111, D 7

600 Einwohner

Die Sommerfrischler der Jahrhundertwende liebten das Fischernest über der 70 m hohen Steilküste, 5 km vom Königsstuhl entfernt, mit Blick auf Tromper Wiek und Kap Arkona. Gerhart Hauptmann schwärmte in Reimen von der Ruhe und Schönheit des Ortes. Er lockt darüber hinaus mit seiner günstigen Lage: 42 Seemeilen von Stralsund, 28 von Vitte auf Hiddensee und 50 Seemeilen von der dänischen Insel Bornholm entfernt. Grund für den neuen Maßstab ist ein zauberhaft gelegener neuer Hafen, für Seebären genau auf der Hälfte eines Törns »Rund um Rügen«, ohne Lärm und Autos an der Pier, denn nur eine Treppe führt 243 Stufen hinunter. Es gibt Fahrgastanleger, Slipanlage und Platz für 53 Segler. Café, Kneipe und Räucherei liegen ebenfalls nicht allzu weit entfernt.

15 km nördl. von Sassnitz

Hotels/andere Unterkünfte

Panorama-Hotel

Ein freundliches Hotel, das Mitglied der Relais-du-Silence-Gruppe ist, mit einem sehr guten Restaurant, dazu wird ein traumhafter Blick von Veranda und Terrasse auf Tromper Wiek und Kap Arkona geboten.

Dorfstr. 35; Tel. 03 83 02/91 10,
Fax 92 34; www.Lohme.com; 32 Zimmer
●●● CREDIT

Essen und Trinken

Café Niedlich

Wunderschön über dem Hafen gelegen; Kuchen, Eis, Salate, bis die Sonne im Meer versinkt.

Tgl. ab 11 Uhr

Einkaufen

Steinmüller

Design aus Stein von Rügens Küste zeigt und verkauft Peter Müller.

Am Teufelsberg 52; Tel. 03 83 02/9 01 09

Nardevitz

→ S. 110, C 7

Leicht ist er nicht zu finden, der Riese von Rügen, ein 1566 t schwerer Granitfindling, der im Gebüsch auf einem Acker liegt. Früher soll er dreimal so schwer gewesen sein, aber der Nardevitzer Findling gehört zu den wenigen Granitblöcken, die als Baumaterial verwendet und deshalb verkleinert wurden. So steckt er beispielsweise im Ernst-Moritz-Arndt-Turm in Bergen und in Denkmälern in Neukamp und Groß Stresow. Erkundigen Sie sich bei Einheimischen, die mit dieser Frage rechnen und gerne bereit sind, den Weg zu zeigen.

16,5 km nördl. von Sassnitz

Neddesitz

→ S. 110, C 8

Das Dorf ist fest in Touristenhand. Zunächst ist da ein altes Gutsherrenhaus, und auf den Feldern drum herum ist eine große Ferienanlage entstanden. Im Haus selbst sind Restaurant, Gutsschänke – mit Biergarten –, am Dorfplatz Kneipe, Kiosk und Friseur, Fahrradverleih und Geschenkeladen.

13 km nordwestl. von Sassnitz

Hotels/andere Unterkünfte

Steigenberger Resort

Hotel mit 139 Zimmern und 155 Ferienwohnungen. Außerdem locken die Badelandschaft Jasmund Therme, ein Fitness-Bereich, Boccia-Bahnen und eine Driving Range.

Tel. 03 83 02/95, Fax 9 66 20; www.ruegen.steigenberger.de ●●● CREDIT

Sehenswertes

Kreidemuseum und -lehrpfad Gummanz

7 Im stillgelegten Kreidebruch von Gummanz ist im Sommer 2005 ein Kreidemuseum eröffnet worden. Mit Originalgeräten, Bild- und Texttafeln wird über Kreideabbau informiert, und ein Lehrpfad führt über 1,5 km zum »Kleinen Königsstuhl«.

Hinter der Hotelanlage Steigenberger Resort; Ostern–Okt. Di–So 10–17 Uhr; Eintritt 3 €, erm. 1,50 €

Sagard

→ S. 110, C 8

3500 Einwohner

Eigentlich war Sagard der erste Badeort auf Rügen: Er wurde 1794 offiziell gegründet. Ein Mineralbad, gespeist vom Gesundbrunnen, einem Bach mit hohem Eisen- und Kohlensäuregehalt, zog damals die Besucher an. Schon während der Napoleonischen Kriege wurden die Anlagen zerstört, und Sagard geriet in Vergessenheit. Heute präsentiert es sich als Kleinstädtchen ohne besondere Attraktionen. Ausnahme ist der **Dobberworth**, Norddeutschlands größtes Hügelgrab, das am Ortsausgang, Richtung Bergen, an der B 96 liegt: Sein Umfang beträgt immerhin 150 m, und er ist 10 m hoch.

Eine Riesin, vom Rügenfürsten verschmäht, hat der Sage nach für ihren Kriegszug die Landenge zwischen Kleinem und Großem Jasmunder Bodden mit Sand und Steinen füllen wollen. Aber von der Last riss die Schürze, und die Steine fielen zu früh, vor Sagard, zu Boden.

7,5 km westl. von Sassnitz

Der mächtige Kirchturm überragt das kleine Sagard. Davon, dass es im 18. Jahrhundert ein beliebtes Mineralbad war, ist heute nichts mehr zu spüren.

Halbinsel Wittow

Das Nordkap verspricht frische Brise, ein Bilderbuchdorf und endlosen Strand.

Der Hafen verleiht dem Ort Breege (→ S. 71) auch heute noch den Charme eines alten Fischerdorfes. Von dort aus starten sowohl Fähren nach Hiddensee und Ralswiek als auch Schiffe zu Rundfahrten auf dem Breeger Bodden.

Mit 166 km/h jagte der Wind am 14. Januar 1993 über Wittow im Norden Rügens. Zugegeben, ein Extremfall, aber auch sonst ist die Gegend für Extreme gut: Mit 414 Stunden wurde im Juli 1994 der deutsche Sonnenscheinwetterrekord seit 1880 erreicht. Messergebnisse bekommt man hier aus erster Hand, denn neben Schinkels berühmtem Leuchtturm befindet sich eine Station des deutschen Wetterdienstes. Unterwasserarchäologen tauchen von **Goor** aus zu Bodenbestandsaufnahmen, mittlerweile in Konkurrenz zum Schiffsbohrwurm, der sich in immer größeren Familienverbänden nahrhafter Wracks im 17. und 18. Jh. gesunkener Schiffe annimmt.

Wittow ist ein dünn besiedeltes Land, entlegen, weil es nur über die – außer im Sommer – menschenleere Nehrung **Schaabe** mit 7 km feinsten Strandes oder mit der Wittower Fähre erreichbar ist. Felder gibt es, so weit das Auge reicht. Vor allem Kohl wird hier im Herbst geerntet. Rügens schönste Kirche steht in **Altenkirchen**, und mit dem denkmalgeschützten **Vitt** hat Wittow ein Reetdachdörfchen wie aus dem Bilderbuch.

Putgarten

→ S. 109, F 1

300 Einwohner

Eigentlich wollen alle nach Vitt und zum Kap Arkona, aber beide sind Ortsteile von Putgarten, das mit dem Rügenhof noch attraktiver wurde.

Putgarten ist die nördlichste Gemeinde Rügens, gerade 1,5 km von der Steilküste Kap Arkonas entfernt, wo mit **Gellort** auch der nördlichste Inselpunkt überhaupt liegt, ein Ort wie viele andere, mit Backstein- und Reetdachhäusern, Gutshauszeilen entlang der Straßen. Hier beginnt das Flächendenkmal Arkona. Am Parkplatz am Ortseingang ist der Weg für Autofahrer erst einmal zu Ende, und wer anfangs murrt, weiß das bald zu schätzen. Die **Arkonabahn**, in den Vorpommernfarben Blau und Weiß, rollt regelmäßig zu den Sehenswürdigkeiten, aber auch mit Pferdekutsche, mit dem Rad (das man ausleihen kann) oder zu Fuß sind alle Kulturdenkmäler zu erreichen. Aber da sind nicht nur die Leuchttürme, vor allem der Schinkelsche, der in der Silvesternacht 1827 zum ersten Mal die Schiffe in der Ostsee vor der Nordoststrecke Rügens warnte. Zwischen Sanddorn auf dem Burgwall der **Jaromarsburg**, die bis 1168 das wichtigste Heiligtum der Slawen, den Svantevit-Tempel, schützte, steht ein mit Palisaden umgebener Aussichtsturm. Archäologen des Landesamtes für Bodendenkmalpflege haben 1997 im Kreis angeordnete Pfostenlöcher, den Tempelgrundriss, gefunden, außerdem Perlen aus Bernstein und Halbedelsteinen. Wichtiges Indiz für den Tempelstandort ist der Knaufrest eines Wikingerschwertes.

Hotels/andere Unterkünfte

Rügenhof

Auf dem alten Gut sind Ferienwohnungen in dänischem Landhausstil mit ausreichendem Komfort eingerichtet. Ein Streichelzoo in der Nähe erwartet Kinder, man kann Töpferkurse buchen und ist zahlreichen saisonalen Veranstaltungen nah.

Dorfstr. 22; Tel. 03 83 91/40 00, Fax 4 00 20; www.kap-arkona.de; 16 Ferienwohnungen ●● CREDIT

Sehenswertes

Rügenhof

Auf dem Gutshof direkt an der Straße ist, wie im Zeitraffer, ein Stück Rügengeschichte und -kultur sichtbar gemacht: Töpferwerkstatt und Steinschleiferei, Näherei, Korbflechterei, Porzellanmalerei, Kerzenladen, Handelsschiff mit Waren aus aller Welt, historische Druckwerkstatt und Rügenladen mit einheimischen Produkten. Im Inneren des Gutshofes sieht man landwirtschaftliches Gerät aus der Zeit von 1920 bis 1950, Traktoren, Raupenschlepper, Eggen und Pflüge. Tiere wollen gestreichelt und Pferde geritten werden. Und manchmal spielt ein Figurentheater. Ein umfangreiches Kulturprogramm soll Besucher das ganze Jahr über anziehen: Handwerker- und Bauernmärkte, Kinder- und Erntefest, Kohl-, Fischerfeste und Reitturniere.

Kap Arkona → S. 110, A 5

Eine kahle Fläche mit Erhebungen, hölzerne Stufen und angelegte Wege markieren den Standort des slawischen Burgwalles, den Ort, an dem die Ranen im 6. Jh. die Jaromarsburg mit dem Tempel als Hauptheiligtum für ihren vierköpfigen Gott Svantevit 8 bauten. Reste des Burgwalls sind eigentlich kaum auszumachen, der Wind hat sie im Laufe der Jahrhunderte ins Meer geweht. Das hölzerne Standbild des Gottes hatten die Dänen 1168 zerstückelt und verbrannt. Svantevit strafte jedoch die Angreifer nicht, und so ergaben sich die Burgbewohner. Die Christianisierung konnte beginnen.

Der Peilturm am Burgwall wurde 1927 als Funkpeilturm der Kriegsmarine gebaut, 1945 sind die technischen Einrichtungen zerstört worden, und der Turm wurde als Antennenträger der Seefunkstelle Glowe benutzt. Die Eröffnung als Aussichtsturm mit Museum und Galerie war 1996, und seit 1998 ist er ein internationales Ausstellungszentrum.

Ein Stück entfernt stehen zwei Leuchttürme, und einem sieht man seine Funktion an. Der 1902 gebaute schlanke Rundturm, 36 m hoch, schickt nach wie vor seine von Spiegelglühlampen erzeugten Blitze durch die Nacht. Der kleinere eckige Backsteinturm, 19 m hoch, ist 1826 bis 1827 im Auftrag der preußischen Regierung nach Entwürfen von Karl Friedrich Schinkel gebaut worden. Mit 17 Rüböllampen machte er bis 1902 Schiffern die Küste kenntlich. Über zwei gusseiserne Treppen erklimmt man die Aussichtsplattform und sieht, bei klarer Sicht, bis hinüber zur dänischen Insel Møn. Über Schinkels Arbeit, Leuchttürme und Seenotrettung kann man sich in einer Ausstellung informieren. Das Leuchtturmwärterhäuschen neben dem Turm wird heute als Begegnungsstätte und Vortragsraum genutzt, im Leuchtfeuereck werden Rügenandenken verkauft. Über eine historische Treppe gelangt man vom Leuchtturmwärterhaus zum Garten mit Freilichtbühne, die für Veranstaltungen genutzt wird.

Den Leuchttürmen gegenüber kann man die Königstreppe zum Strand hinuntersteigen oder nach Westen bis zum nördlichsten Inselpunkt Gellort laufen und dort die Treppe am Nordkap nehmen. Noch ein Stückchen weiter, und man kommt zum **Söbensniedersteen**, einem Granitfindling, so groß, dass sieben Schneider darauf Platz haben sollten. Kurz darauf beginnt der Badestrand.

Neuer Leuchtturm: ab Ostern, Mai und Okt. 11–16, Juni und Sept. 11–17, Juli/Aug. 11–18 Uhr; Eintritt 3 €; Schinkel-Leuchtturm: Nov.–März 11–16, April/Mai und Okt. 10–17, Juni und Sept. 10–18, Juli/Aug. 10–19 Uhr; Eintritt 2 €, Fam. (2 Erw., Kinder bis 16 Jahre) 5,50 €, erm. 1,50 €; Peilturm: ab Ostern, Mai und Okt. 10–16, Juni und Sept. 10–17, Juli/Aug. 10–18 Uhr; Eintritt wie Schinkel-Leuchtturm; Parkplatz 3 €, unabhängig von der Parkdauer; Arkonabahn Hin- und Rückfahrt 3 €, Kinder 1 €, Teilstrecken günstiger, je nach Tour

Service

Auskunft

Tourismus GmbH Kap Arkona, Dorfstr. 22 a; Tel. 03 83 91/41 90, Fax 4 19 17; www.kap-arkona.de

Hochzeitsservice

Eheschließungen im Schinkelturm, drei Übernachtungen im Rügenhof, Fahrt mit der Hochzeitskutsche zum

Nordkap, Sektempfang und Hochzeitsfotos ...
Hochzeitshotline: 03 83 91/40 00

Ziele in der Umgebung

Altenkirchen → S. 109, E 2

1200 Einwohner

Viele kommen nicht nach Altenkirchen, aber die wenigen, die kommen, suchen die kulturhistorisch bedeutende Kirche, die vor 1200 aus Backstein gebaut wurde und damit eine der ältesten Kirchen auf Rügen darstellt. Daneben steht ein hölzerner Glockenturm aus dem 17. oder 18. Jh. Zahnschnitt- und Rautenfriese schmücken den Chor. Aus derselben Zeit stammen die erst vor wenigen Jahrzehnten entdeckten Wandmalereien. Das Kalksteintaufbecken mit vier plastischen Männerköpfen ist um 1250 auf Gotland entstanden. Dies war die Kirche Gotthard Ludwig (auch Theobul) Kosegartens (1758–1818), des Uferpredigers von Vitt. Der kunstsinnige Pfarrer dichtete und pflegte die Freundschaft mit Größen seiner Zeit, die sich allerdings, wie beispielsweise Goethe, eher über seine Dichtkunst mokierten. Immerhin war Ernst-Moritz Arndt Hauslehrer der Kosegarten-Kinder. Auf dem Kirchhof liegt der Pastor begraben; die Schrift auf seinem Grabstein wurde aufgefrischt, damit man ihn findet.
7 km südl. von Putgarten

MERIAN-Tipp

8 Tauchen

Tauchen gehört noch zu den am wenigsten bekannten Sportarten, die man auf Rügen ausüben kann. 1996 bargen Forschungstaucher vor Hiddensee das »Gellenwrack«, das bisher einzige Schiff aus der Hansezeit – mit Inventar und Ladung – im Ostseebereich. Rund 650 Jahre wird die Kogge auf dem Grund gelegen haben. Insgesamt 120 Wracks schlummern in den Gewässern um Rügen. Hobbytaucher können von der Taucherbasis Goor aus die Verbandmitglieder bei einem Tauchgang begleiten.

Taucherbasis Goor, Altenkirchen;
Tel. 03 83 91/1 29 22 → S. 110, A 6

Breege → S. 109, F 2

Wo die Schaabe mit ihren kilometerlangen schönen Stränden endet und Wittow beginnt, liegt Breege am Bodden. Ein stilles Kapitänsdorf mit stattlichen Häusern aus dem 18. und 19. Jh., dazwischen erspäht man immer wieder Wasser. Ein praktischer Ort für Strandurlauber, und vom kleinen Hafen startet die »Wappen von Breege« zu Boddenrundfahrten und nach Hiddensee.
12 km südl. von Putgarten

Hotels/andere Unterkünfte

Am Wasser
Von vorn mag man es kaum glauben, aber das behäbige, komfortable Backsteinhaus liegt direkt am Breeger Bodden, der sich zum Angeln und Surfen eignet. Von der Restaurant-Terrasse genießt man einen schönen Blick auf den Bodden. Der Ostseestrand liegt 1 km entfernt.
Dorfstr. 79; Tel. 03 83 91/40 20, Fax 6 13; www.hotelamwasser.m-vp.de; 64 Zimmer ●● MASTER VISA

Juliusruh → S. 109, F 2

850 Einwohner

Dort, wo der Strand am schönsten ist, gegenüber von Breege, standen schon 1895 Villen für Ostseebadegäste. Der Niedergang der Hochseeschifffahrt hatte die Bewohner hart getroffen, deshalb gründeten sie einen Badeverein, veranstalteten Konzerte und Tanzabende. Zu DDR-Zeiten war es ein Künstlerdorf und besaß das gewisse Etwas, Pensionshäuschen und einen Park. In diesem Park hatte 1795 Julius von der Lancken seinen Landsitz im Dünensand begründet. Es sollte der schönste weit und breit werden. Aus Schweden ließ er Linden in großen Holzkübeln kommen. Die Mühe nahm kein Ende, jedes Frühjahr mussten über 300 Vierspännerfuhren Dünensand aus dem Park herausgefahren werden. Zehn Gebäude, von denen nichts geblieben ist, ließ er errichten. Er war nicht reich genug für den Kampf gegen Wind und Sand und verkaufte das Anwesen 1803. Als der Park 1995 200 Jahre alt wurde, erhielt der Stein am Ende der Allee, der seit 1935 an die Gründerfamilie erinnerte, eine neue Inschrift und das Familienwappen zurück. Die alte Inschrift war 1945 ersetzt worden durch »Dieser Park ging 1945 in Volkseigentum über«.

Wenn mancher an Juliusruh vorüberfährt, nicht ahnend, was sich hinter dem Namen verbirgt, liegt das auch an der großen Hotelanlage, hinter der der Ort verschwindet.

9 km südl. von Putgarten

Hotels/andere Unterkünfte

Aquamaris Strandresidenz

Nagelneuer und riesengroßer Komplex: eine Anlage mit Zimmern und Wohnungen, Schwimmbad, Sauna und Dampfbad, Tennisplätzen, Gesundheits-, Schönheitsfarm und Disco sowie Kinderbetreuung.

Wittower Str. 4; Tel. 08000/140150, Fax 038391/44141; www.aquamaris.de; 211 Zimmer, 52 Ferienwohnungen ●●●● CREDIT ♿

Svantevit

Es begann als Poststation, jetzt ist es ein hübsches kleines Hotel, in dem man Ferien unter den Augen des vielköpfigen Slawengottes macht. Das Restaurant bietet allergikerfreundliche Menüs an.

Wittower Str. 9–10; Reservierung: Tel. 030/5679770, Fax 566699922; www.svantevit-hotel.de; 26 Zimmer ●●● CREDIT

Vitt

⇢ S. 110, A 5

Das Dörfchen in der Schlucht am Steilufer war immer schon ein exklu-

Nach Idyllen wie hier bei Pfarrer Kosegartens kleiner achteckiger Fischerkapelle in Vitt muss man auf Rügen nicht lange suchen.

sives Urlaubsziel (im Privatzimmer), wenn auch unbequem: kein Laden, das einzige Gasthaus überfüllt. Im Museumsdorf mit 13 reetgedeckten Häusern duftet es nach Räucherfisch. Ein Hohlweg führt zur achteckigen Kapelle hinauf, die der Altenkirchener Pfarrer Kosegarten 1806 aus Spendengeldern bauen ließ, weil die Fischer keine Zeit hatten, nach Altenkirchen zum Gottesdienst zu kommen. Wie damals finden heute sechsmal jährlich Uferpredigten statt. Zu Kosegartens Zeiten allerdings beobachtete der »Utkieker« während der Predigt das Meer, und wenn die Heringsschwärme kamen, war die Predigt zu Ende, denn alle eilten zu den Booten. Der »Sinkende Petrus« hinter dem Altar, von Kosegarten selbst in Auftrag gegeben, ist die Kopie eines unvollendet gebliebenen Wandbildes von Philipp Otto Runge. Das Original ist in der Hamburger Kunsthalle zu sehen.

2 km südl. von Putgarten

Wiek

→ S. 109, D 2

1300 Einwohner

Im Wieker Bodden hinterließen die Surf-Asse um deutsche und europäische Cup-Siege »Furchen im Wasser«, wie man erzählt. Winterstürme von 10 bis 12 Beaufort sind keine Seltenheit, und selbst im Sommer ist es hier nie windstill. Das Dorf mit kleinem Hafen hat eine Backsteinkirche aus dem 15. Jh. Von der Wendeltreppe neben dem Hauptportal hat man ein verblüffendes Bild vom Langhaus mit seinem Gewölbe.

11,5 km südwestl. von Putgarten

Wittower Fähre

→ S. 109, D 4

Eigentlich sollte es eine Brücke werden, die die Halbinsel Wittow mit dem Kernland verbinden sollte, aber die

Die Halbinsel Wittow ist mit dem Kernland durch eine Autofähre verbunden; im Sommer muss mit langen Wartezeiten gerechnet werden.

Fischer von Breege haben das nie gewollt: Die Heringe kämen dann nicht mehr in den Breeger Bodden. 1896 hatte man zwar eine provisorische Eisenbahnfähre eingerichtet, aber nachdem die Kleinbahn 1969 stillgelegt wurde, erspart die Wittower Fähre über den Rassower Strom Autofahrern im günstigen Fall 30 km Umweg.

22 km südwestl. von Putgarten

Hotels/andere Unterkünfte

Herrenhaus Bohlendorf

Wohnen auf Gutsherrenart und fern von den Touristenströmen kann man im hübschen Landhotel, dessen Geschichte bis 1316 verfolgt werden kann. Es liegt abseits der Hauptstraße zur Wittower Fähre in einem Park und ist mit Kaminzimmer und Sauna auch wintertauglich.

Bohlendorf 6; Tel. 03 83 91/7 70, Fax 7 02 80; www.bohlendorf.de; 20 Zimmer und 2 Ferienwohnungen

●●● CREDIT

Ummanz, Westrügen und Hiddensee

Urlaub mit Pferden und Kranichen in ländlicher Schönheit, Stille und Einsamkeit.

Dieser 28 Meter hohe Leuchtturm von 1887/88 weist an der Dornbusch genannten Steilküste im Norden von Hiddensee (→ S. 77) den Schiffen den Weg.

Rügens Nordwesten ist kein Touristenland. Besucher durchqueren ihn, um in Schaprode einen Parkplatz zu suchen, bevor die Fähre sie nach Hiddensee bringt. Sie halten mal in **Gingst**, fotografieren das Efeuhaus, und manche besuchen sogar die Handwerkerstuben. Kinder wollen in den Rügenpark, die ganze Insel auf einmal sehen. Auf der kleinen Insel Ummanz birgt die Kirche in **Waase** eine Kostbarkeit. Und sonst? Stille, Grün und Blau, menschenleere Weite, weltabgeschiedene Dörfer, Pferde, holprige Wege, fast hinter Bäumen versteckt ein Reetdachhaus. Da ernten Fremde gelegentlich neugierige Blicke. Straßen enden ganz unspektakulär am Wasser, vor Schilf, vor Ruinen, vor einem kleinen Holzsteg, den Möwen besetzt halten. Das »söte Lännecke« Hiddensee wird derweil von Tagestouristen in Mengen heimgesucht, die manche Hiddensee-Freunde schon vertrieben haben. Zu Fuß und per Rad machen sich jeden Sommer Tausende auf die Suche nach dem Genius loci, der Schönheit, Stille, Einsamkeit heißt. Für den Verlust lässt sich das Inselchen in barer Münze, die als Kurtaxe schon auf dem Schiff kassiert wird, entschädigen.

Ummanz

→ S. 112, B/C 10

700 Einwohner

Das leise Eiland, nur wenige Meter von Rügen entfernt, ist ein idealer Urlaubsort für Angler, Reiter und Ornithologen.

Mit 20 qkm ist das wenig bekannte Ummanz die viertgrößte Insel Mecklenburg-Vorpommerns. Seit 1901 verbindet eine 250 m lange Stahlbogenbrücke Ummanz mit Rügen. Bis 1945 gehörte Ummanz dem Kloster Zum Heiligen Geist in Stralsund, und erst seit 1953 gibt es hier Strom. Zur Gemeinde Ummanz gehören auch die Halbinsel Lieschow und die sieben kleinen Inseln, die man im Wasser liegen sieht. Liebes heißt eine von ihnen, Heuwiese eine andere, auf der tausende von Vögeln brüten. Die Strände am flachen Wasser sind klein und sandig und kaum belebt. Ferien ohne Fahrrad könnten hier beschwerlich sein, denn selbst der Bäcker ist ein Stück weit weg, wenn man sich nicht gerade in Waase niedergelassen hat. In Freesenort an der Südspitze, einem Weiler, der unter Naturschutz steht, gibt es mit der Hasenburg aus dem 17. Jh. eines der ältesten Inselhäuser. Suhrendorf an der Westküste gilt als Surferparadies, und das Dorf Haide entdecken nur Wanderer. Eine halbe bis Dreiviertelstunde brauchen Fußgänger von einem Ort zum anderen. Nur bis Tankow ist es ein bisschen weiter.

Und dann ist der Sommer vorbei, die seichten Buchten zwischen den Inseln werden von **Wildgänsen** und **Kranichen** erobert. Etwa 40 000 sind es im Herbst, Zugvögel aus Skandinavien und aus den baltischen Staaten, die für einige Wochen in der Boddenregion Rast machen. Auf den nahe gelegenen Feldern suchen sie nach Mais und anderem Korn, Käfern, Würmern, Heuschrecken, auch Fröschen, um sich ein Fettpolster für den weiteren Flug nach Süden anzufressen. Erst im Oktober, manchmal im November, starten sie in Scharen zu ihren Winterquartieren in Spanien, Portugal und Nordafrika. Damit die Tiere, die viel Ruhe brauchen und, wenn sie gestört werden, sehr viel Energie verlieren, möglichst unauffällig betrachtet werden können, gibt es spezielle Beobachtungshütten. 9

Hotels/Andere Unterkünfte

Fischerhaus

Es hat gar keinen Namen, das 200 Jahre alte, schöne denkmalgeschützte reetgedeckte Fischerhaus auf einer Wiese am Ende der Inselwelt in einem Ort, der ohnehin nur aus vier Häusern besteht. Zwei kleine komfortable Ferienwohnungen sind darin

eingerichtet. Übers Wasser sieht man nach Stralsund und Hiddensee. Zum Einkaufen, zur Bushaltestelle und zum Fahrradverleih in Waase sind es 4 km.
18569 Freesenort/Rügen;
Tel. 03 83 05/5 50 22;
www.freesenort.de •

Holzerland
Gleich am Focker Strom, hinter der Brücke gelegen, die Rügen und Ummanz verbindet. Neben der Terrasse des Fischrestaurants warten Einheimische am Wasser auf die Fischer. Man kann an Gruppenangelfahrten teilnehmen oder die Fische anderen überlassen und sich mit dem Tretboot vergnügen. Ein Reiterhof liegt in der Nähe.
Am Focker Strom 17, 18569 Ummanz/ Rügen; Tel. 03 83 05/81 59, Fax 6 00 40; 10 Zimmer •

Zum Kranich
Unterwegs kommen Zweifel auf, aber man kann wirklich mit dem Auto hinfahren. Einsam liegt das Häuschen, eine Kranichbeobachtungsstation ist einige Meter entfernt, und dörflich sieht es aus, wie es sich hier gehört. Ländliche Küche, Terrasse.
18569 Tankow auf Ummanz;
Tel. 03 83 05/81 79, Fax 5 53 83;
10 Zimmer •

Sehenswertes

Kirche in Waase → S. 112, C 10
Die kleine gotische Dorfkirche (15. Jh.) steht gleich hinter der Brücke über den Focker Strom. Die Fenster zeigen Glasmalereien, die Renaissancekanzel ist mit Intarsien geschmückt, aber das Prunkstück ist der Flügelaltar: Er wurde 1528 in Antwerpen aus Eichenholz geschnitzt. Die Reliefdarstellungen zeigen Szenen aus der Passionsgeschichte und aus dem Leben des englischen Erzbischofs Thomas Becket von Canterbury. 1708 kam der Altar aus dem Besitz des Stralsunder Heiliggeistklosters nach Waase und wurde 1993 restauriert.

Aktivitäten

Reiten
Ein Markenzeichen von Ummanz ist die Haflingerzucht. 1974 kamen die ersten drei Stuten auf die Insel. Mit der Wende ging die Zucht in Privatbesitz über, aber 1996 kaufte ein dafür gegründeter Verein, Ummanz e. V., die Zucht.
Pferdestall, Neue Str. 30 a; Tel. 03 83 05/ 5 56 04, Fax 3 01 56 19

Service

Auskunft
Ummanz-Information
Neue Str. 63 a, 18569 Waase;
Tel. 03 83 05/5 34 81, Fax 5 34 83;
www.ummanz.de

Ziele in der Umgebung

Gingst → S. 113, D 10
1500 Einwohner

Ein altes Angerdorf, das allerdings bei einem Großbrand 1950 den größten Teil seiner alten Häuser verlor. Auf dem Marktplatz steht eine Plastik von Peter Jaeger, »Aufbau von Gingst«, die an die Wiederaufbauarbeiten durch die FDJ erinnert. Gingst war kein reines Bauerndorf, es hatte Marktrecht, und außerdem wurde die Leibeigenschaft hier einige Jahrzehnte früher als an anderen Orten aufgehoben: bereits 1774, der Pfarrer Picht hatte die Genehmigung dazu von der schwedischen Regierung erwirkt. Er ließ auch Webstühle aufstellen, damit die Leute ihren Lebensunterhalt verdienen konnten.
7 km nordöstl. von Ummanz

Sehenswertes

Historische Handwerkerstuben
Sie liegen nicht weit vom Marktplatz entfernt (Nähe südliches Ortsende) und vermitteln interessante Einblicke in die Geschichte des lokalen Handwerks. Das 1730 erbaute Weberhaus, 1997 mit Rohrdach und handgepress-

Am Hafen von Waase (→ S. 75) auf Ummanz geht es noch sehr beschaulich zu.

ten Steinen aus Stroh-Lehm-Gemisch – wie vor 200 Jahren – restauriert, lädt nun zum Probesitzen am Webstuhl ein. Auch in den anderen Häusern sind in einzelnen Räumen nahezu authentische Werkstätten eingerichtet, für Schneider, Schuster, Schmiede und die Damast- und Leineweberei, die über die Grenzen Pommerns hinaus bekannt war.

Karl-Marx-Str. 19/20; Juni–Aug. tgl. 10–17, Mai und Sept. Mo–Sa 10–17, Okt. Mo–Sa 10–16, Nov.–April Mo–Fr 10–17 Uhr; Eintritt 2 €, Kinder 1,50 €

Rügenpark

Mit über 100 Miniaturen – von Notre-Dame in Paris bis zur Freiheitsstatue – hat Gingst seit Sommer 2000 eine besondere Attraktion. Man kann auch Rügen in 20 Minuten umrunden. Parkeisenbahn, Wildwasserrondell, Riesenrutschen und andere Attraktionen warten auf Kinder.

Mühlenstr. 22 b; www.ruegenpark.de; April–Juni Di–So 10–18, Juli/Aug. tgl. 10–19, Do bis 22 Uhr, Sept./Okt. Di–So 10–17 Uhr; Eintritt 8 €, Kinder (nach Größe) 1,50–6,50 €

Hiddensee → S. 108, A/B 3–4

1300 Einwohner

Ein Idyll ohne Autos mit nur vier Dörfern – Vitte, Neuendorf, Kloster und Grieben – sowie Trampelpfaden statt Straßen. Es gibt keinen Campingplatz und kein Nachtleben, und Hast entsteht nur dann, wenn Tagesausflügler ein Fahrrad oder abends die Fähre ergattern wollen. Diese Hektik hat zugenommen, seit die Schiffe größer wurden, mit denen immer mehr Menschen täglich auf das 16,8 km lange, schmale Inselchen gebracht werden. Dann ist, zumindest im Norden um Kloster und den Dornbusch herum, die Ruhe vorübergehend dahin, die Empörung über die Preise hoch, und die meisten fahren abends wieder zurück nach Rügen und haben nicht begriffen, was denn nun »dran« sein soll an dem langweiligen Eiland.

Ringelnatz, Zuckmayer, Brecht und Döblin, Reinhardt, Kafka, Freud und Hauptmann waren glücklicher. Zu Zeiten der berühmten Hiddensee-Urlauber kamen keine täglichen Fähren, und die Fischer von Hiddensee lebten wie selbstverständlich vom Fischfang. Wer allerdings ein bisschen in der Inselgeschichte stöbert, entdeckt auch anderes. Als Fürst Wizlaw II. die Insel 1296 dem Zisterzienserorden schenkte, auf dass er dort das Kloster zum heiligen Nikolaus und eine Kirche baue, sollen zumindest die Bewohner des Eilands berüchtigte Strandräuber gewesen sein, wie das derzeit auch auf den Nordseeinseln üblich war, wenn ein Schiff strandete. Der Tourismus auf Hiddensee begann erst um 1900, nachdem Künstler die Insel entdeckt und somit für Zulauf gesorgt hatten. Kaum gab es eine regelmäßige Fährverbindung zum Festland, kamen alle, die Rang und Namen hatten, und Gerhart Hauptmann machte sie zum Sommersitz. Auch in DDR-Zeiten blieb Hiddensee die Künstler- und Intellektuelleninsel, und nach der Wende rückte keiner mit seinen Quartieradressen heraus. Schließlich hatte schon Hauptmann gemahnt, stille zu sein, auf dass es nicht ein »Weltbad« werde. Ein Weltbad ist es wohl nicht geworden, aber wer Zimmer zu vermieten hat, macht das publik.

Am schönsten ist es, wenn alle weg sind, im Spätsommer, wenn die Sonne noch wärmt und das Wasser zum Baden einlädt, die Kraniche kommen und Radwege einsam sind.

Nun droht der Gellen genannte Südzipfel der Insel abzubrechen wie 1864, weil die ca. 30 m breite Verbindung immer wieder überflutet wird und der Küstenschutz dort aus Kostengründen eingestellt werden soll.

Hotels/andere Unterkünfte

Inselhaus

Luxuriöse Ferienwohnungen gibt es in einem nicht ganz inseltypischen Reetdachhaus, sehr edel ausgestattet, mit fünf Sternen dekoriert. Die feinste verfügt über Glaswandbrunnen, Designerbad, und fürs WC zeichnet Philippe Starck verantwortlich.

Süderende 185, Vitte; Tel. 0 88 47/ 69 90 60; www.hiddensee.de/ inselhaus/menu.html; 6 Ferienwohnungen ●●●● CREDIT

Heiderose

Hübsch und komfortabel bis luxuriös, das Haus stammt aus dem vorigen Jahrhundert, sehr gutes Restaurant und Räucherhäuschen.

Das Arbeitszimmer Gerhart Hauptmanns in seinem Haus auf Hiddensee sieht noch genauso aus wie zu Lebzeiten des Dichters, der 1946 starb.

In den Dünen 127, Vitte;
Tel. 03 83 00/6 30, Fax 6 31 24;
www.hiddensee.de/heiderose;
32 Zimmer ●●● CREDIT

Dünenhaus Vitte
Blick aufs Meer, komfortable Appartements und Ferienhaus. Eigener Strandzugang.
Süderende 96, Vitte; Tel. 03 83 00/64 00,
Fax 6 40 64; www.tgv-hiddensee.de;
16 Appartements, 1 Ferienwohnung,
1 Ferienhaus ●● CREDIT

Töwerland
Mitten im Ort und teilweise mit Blick auf Bodden und Hafen liegt das im Jahr 2000 eröffnete Haus mit Hotelzimmern und Ferienwohnungen, alle schnörkellos, modern und komfortabel eingerichtet. Bis zum Ostseestrand sind es nur 200 m.
Wiesenweg 8, Vitte; Tel. 03 83 00/60 70;
5 Zimmer, 9 Ferienwohnungen ●● CREDIT

Sehenswertes

Blaue Scheune
Wer in Vitte ankommt, sieht das blaue Haus in Hafennähe sofort. Farbe und Ruhm verdankt es der Malerin Henni Lehmann, die es 1920 kaufte und anstrich. Als Baudenkmal ist es allerdings nach vielen Umbauten nicht mehr interessant, wohl aber als Atelier und Ausstellungsraum des Malers und Grafikers Günter Fink.
Mai–Sept. Mi–So 10–12 Uhr

Karusel
Asta Nielsen hat das Haus am Nordende von Vitte, von Max Taut entworfen, 1925 als Ferienhaus gekauft, ihr Gast Ringelnatz hat das Gebäude mit den runden Ecken bedichtet. Die Kulturpolitik der Nazis hat den dänischen Stummfilmstar allerdings bald für immer aus Deutschland vertrieben.

Lietzenburg
Am Nordrand von Kloster steht, am Kirchweg, auf dem Weg zum Inselmuseum, die burgartige Villa, die in den Zwanzigerjahren Treffpunkt der Künstler war. Oskar Kruse, Schwager von Käthe Kruse, ließ das Schlösschen 1904 im Jugendstil erbauen.

Museen

Dat söte Länneken
Das Heimatmuseum im ehemaligen Rettungsschuppen in Kloster informiert über die geologische und geschichtliche Entwicklung des Ortes und über Umweltprobleme.
Kloster; April–Okt. 10–16, Nov.–April
Sa/So 11–15 Uhr; Eintritt 2 €,
Kinder 1,50 €

Gerhart-Hauptmann-Haus
Lange Zeit war Hauptmann Sommergast auf Hiddensee, 1930 kaufte er das Haus, seit seinem 10. Todestag 1956 ist es Gedenkstätte und gleichzeitig das kulturelle Zentrum von Kloster, denn hier finden im Sommer Lesungen, Vorträge und Konzerte statt. In seinen ehemaligen Wohnräumen ist kaum etwas verändert: Schreibtisch, Stehpult, Bücher und überm Bett Schriftzüge an der Wand, ganz offensichtlich Notizen.
Kloster; April–Okt. tgl. 10–16, Nov.–März
Fr/Sa 11–15 Uhr; Eintritt 2,50 €, erm. 1 €

Essen und Trinken

Godewind
Proppenvoll, auch ein beliebter Herbst- und Wintertreffpunkt.
Süderende 53, Vitte; Tel. 03 83 00/66 00;
ab morgens geöffnet ●● CREDIT

Wieseneck
Am schönsten sitzt man auf der Terrasse – Wiesen und Bodden im Blick – bei Hiddensee-Aal.
Kirchweg 18, Kloster; Tel. 03 83 00/3 16;
ab morgens geöffnet ●● CREDIT

Zum Klausner
Ein ordentliches Stück Weg ist es von Kloster nach Dornbusch und zum Leuchtturm, aber dann wartet ein richtiges Ausflugslokal im Wald bei Meeresrauschen.

Im Dornbuschwald; Tel. 03 83 00/66 10; tgl. 10–24 Uhr ● [credit card]

Café Kanne

Schöner Platz unter Fliederbüschen in Hafennähe.

Wallweg 5, Vitte; Tel. 03 83 00/2 53; tgl. ab 10 Uhr

SERVICE

Anreise

Man setzt ab Schaprode (7- bis 14-mal tgl.), Stralsund (3-mal tgl.) oder Breege (2-mal tgl., nur Sommer) und Wiek (April–Sept.) nach Neuendorf, Vitte oder Kloster über. Die jeweiligen Abfahrtszeiten erfährt man bei jeder Touristeninformation oder unter www.reederei-hiddensee.de

Ab Schaprode: 13,20–15,30 €, Kinder und Hunde 7,90–8,90 €; Parkplatz in Schaprode (Ortseingang): 3 € pro Tag, ab 2 Tage 2 € pro Tag; Fahrtdauer 30–45 Minuten

Auskunft

Insel-Information Hiddensee

Norderende 162, 18565 Vitte; Tel. 03 83 00/6 42 26, Fax 6 42 25; www.seebad-hiddensee.de

Reederei Hiddensee

Angemeldete Urlauber werden von den Hotels mit Fuhrwerken an den Häfen abgeholt.

Tel. 03 83 00/5 01 69, Fax 5 01 70; unterschiedliche Preise je nach Ort, Tageszeit und Saison, Tabellen mit den aktuellen Preisen hängen an den jeweiligen Häfen aus

Lebbin

→ S. 109, E 4

200 Einwohner

Die Halbinsel ragt in den Breeger Bodden hinein, und wenn Ummanz ein stilles Land ist, wie soll man das hier nennen? In Vieregge ist die Welt zu Ende, aber ein nagelneuer Ferienpark mit mehreren Häusern unter traditionellem Reetdach ist entstanden. Bis dahin steht für bescheidenere Ansprüche die einzige auffällige Sehenswürdigkeit bei Neuenkirchen: ein 1993 aus Holz gebauter Aussichtsturm auf dem 44 m hohen Hohen Hilgor, nach dem Privatgelehrten Johann Jakob Grümbke benannt, auf dessen Namen jeder stößt, der in der Geschichte Rügens stöbert.

19 km nördl. von Ummanz

HOTELS/ANDERE UNTERKÜNFTE

Gut Tribbevitz

Am weißen Stufengiebel erkennt man das Gutshaus am Tetzitzer See, das schon 1315 erwähnt wurde, von weitem. 2002 wurde es als Hotel mit Restaurant im alten Herrenhaus, das sich vor allem der leichten und auch vegetarischen Küche verschrieben hat, und mit einem Trakehnergestüt eröffnet. In der ersten April- und der ersten Oktoberwoche werden Kochlehrgänge angeboten. Wer mag, kann sein Pferd mitbringen. Bibliothek und Gutspark mit Liegewiese stehen Hausgästen zur Verfügung, Fahrräder werden ausgeliehen.

Neuenkirchen; Tel. 03 83 09/70 80, Fax 70 81 38; www.gut-tribbevitz.de; 22 Zimmer ●●● CREDIT

Lieschow

→ S. 112, B/C 11

Die Halbinsel südlich von Ummanz mit Dörfern, die Mursewiek und Varbelvitz heißen, wäre mit ihrer ländlichen Stille kaum erwähnenswert, läge nicht an ihrem Ende in Lieschow am Kubitzer Bodden der **Landgasthof Kiebitzort**, eine Idylle, für die das viel gebrauchte Attribut »Natur pur« wirklich zutrifft. Der Blick auf die Speisekarte verrät Kreativität. Mit Korbmöbeln freundlich ausgestattete Bungalows liegen im parkähnlichen Anwesen (18569 Lieschow-Rügen; Tel. 03 83 05/5 51 66, Fax 5 51 88; www.kiebitzort-ruegen.de; 18 Zimmer, 15 Bungalows ●● [credit card]).

4 km südwestl. von Ummanz

AKTIVITÄTEN

Bauer Lange

Ab Mai wird auf 5 ha Spargel geerntet, und in einer Lagerhalle werden bis zum 24. Juni, tgl. 11–20 Uhr, Spargelgerichte serviert. Danach ist Pellkartoffelzeit, dazu gibt es frischen Matjes und Quark. So wird die Ernte zum Event, und im Hofladen gibt es noch weitere Rügenprodukte. 9 Ferienwohnungen.

Hof Nr. 37, Lieschow; Tel. 03 83 05/ 5 51 17; www.bauerlange.de

Erste Rügener Edeldestillerie

Schnäpse aus heimischem Obst. Nach Anmeldung auch Besichtigung. Apfeltag im Oktober.

Lieschow 17; Tel. 03 83 05/5 53 00, Fax 5 52 97; April–Okt. Mo–Sa 10–18, Nov.–März Mo–Fr 10–16 Uhr

Schaprode

→ S. 112, B 9

600 Einwohner

Zehntausende kommen jährlich. Sie machen den Ort zum gigantischen Parkplatz und verschwinden mit der Fähre sofort wieder, hinüber nach Hiddensee. So profitieren zumindest diejenigen Bewohner davon, die ein Stück Stellfläche zu vermieten haben, und sei es noch so klein.

Spaziergänger finden am Stolper Haken Reste einer Schwedenschanze aus dem Nordischen Krieg (1700 bis 1721). Am Ortsausgang vor der Abzweigung Richtung Poggenhof verwittert ein Gedenkstein an einen Mord im 14. Jh., die Mordwange. Lange, scheint es, hat man hier Geschichte und Gesinnung in Stein bewahrt. Darauf deuten noch erhaltene Steintafeln an manchem Haus hin: »Ans Vaterland, ans teure, schließ dich an ...«

Die **Dorfkirche**, die zu den ältesten von Rügen zählt, sehen die meisten nicht, obwohl sie wirklich augenfällig ist. Wie eine Glucke hockt sie, vom Bodden aus gesehen, über dem Ort. Chor und Apsis stammen aus der Zeit des Baubeginns um 1200, das Kreuzrippengewölbe von 1450 ersetzte das Langhaus. Von der ursprünglichen Innenausstattung ist außer einem Kruzifix aus dem 15. Jh. wenig erhalten (Juni–Aug. 10–12 Uhr).

22 km nördl. von Ummanz

HOTELS/ANDERE UNTERKÜNFTE

Zur alten Schmiede

Etwa 1 km vom Wasser und 4 km von Schaprode entfernt, komfortables Hotel mit finnischer Sauna, römischem Dampfbad, Sonnenterrasse und Kaminbar. Gutes Restaurant.

Poggenhof 25;
Tel. 03 83 09/7 05 00, Fax 5 28 24 42;
www.ruegen-schmiede.de; 20 Zimmer
●●● CREDIT ♿

Trent

→ S. 113, D 9

970 Einwohner

Trent liegt an der Straße von Bergen nach Wittow und zum Hafen nach Schaprode. Wer die Bundesstraße verlässt, sieht hier und da alte Gutshäuser. Eine spätgotische Dorfkirche aus dem 14. Jh., aus Backstein und mit kreuzrippengewölbtem Chor, steht im Ort. Wer nicht die Nähe zum umtriebigen Strandleben sucht, kann hier angenehm unterkommen.

17 km nördl. von Ummanz

HOTELS/ANDERE UNTERKÜNFTE

Radisson SAS Resort Trent Rügen

Es wirkt ein bisschen wie aus einer anderen Welt: Die Hotelhalle ist ein riesiges luftiges Wohnzimmer, der Service liebenswürdig, die Zimmer sind originell und schön, die Küche ist gut, und Sauna sowie Schwimmbad gibt es auch. Kinder werden mit Sport, Spiel und Spaß betreut.

Vaschvitz 17 (kurz vor der Wittower Fähre links), 18569 Trent;
Tel. 03 83 09/2 20, Fax 2 25 99;
www.radissonsas.com; 160 Zimmer
●●●● CREDIT ♿ 🐕

Südrügen mit Stralsund

Vom Bauernland mit Auto oder Fähre in eine lebendige Hafenstadt, die zum Welterbe gehört.

Die schöne Altstadt Stralsunds (→ S. 85) ist fast vollständig von Wasser umschlossen. Ihre Silhouette beherrscht die mächtige frühgotische Nikolaikirche, deren Baumeister sich die Lübecker Marienkirche zum Vorbild nahmen.

Nichts Spektakuläres gibt es im Süden Rügens zu sehen. Das Land ist meist flach und von weiten Feldern bedeckt. Hier und da gibt es Reiterhöfe, und manchmal lockt ein verheißungsvolles Schild auf holprige Wege zu Gasthäusern mit gepriesener Aussicht, und es erschließt sich eigentlich nicht, worauf. Dichte grüne Laubtunnel gibt es, vergleichsweise wenig befahren. Dörfer, die man nirgends erwähnt findet und in denen es Zauberhaftes zu entdecken gilt: beispielsweise die Skulpturen im Klostergarten von **Rambin**.

Ein ganz abgeschiedenes Inselchen, **Tollow**, ist von Riesenvögeln auf kalkweißen Baumleichen besetzt, verätzt vom Kot der Kormorane, den »Feinden der Fischer«, die sich hier eingerichtet haben. Der erste Abschnitt der Deutschen Alleenstraße, im Mai 1993 eröffnet, beginnt hier und führt über Stralsund und Demmin nach Rheinsberg in Brandenburg – und mittlerweile unter Bäumen bis an den Bodensee. Ostwärts verläuft die »Alte Bäderstraße« nach Sellin malerisch unter Kastanien, Pappeln, Ulmen und Eichen.

Garz

→ S. 117, F 17

1800 Einwohner

Die älteste Stadt Rügens war einst Hauptort der Ranen und somit Standort einer Fürstenburg. Heute wirkt sie ländlich, restauriert, doch fast unscheinbar. 1994 feierten die Garzer stolz ihr Stadtjubiläum: 675 Jahre. Garz ist mehr als die älteste Stadt Rügens: Stralsund, meinen manche, wäre ohne Garz ein Nichts, ist doch hier erst das Stadtrecht der späteren Hansestadt beurkundet worden. Kopfsteinpflastergassen, Blumenbalkone an einstöckigen Giebel- und Traufenhäusern – dies Ortsbild wurde später geprägt, denn bei einem Stadtbrand 1765 ist vieles zerstört worden. Von der slawischen Fürstenburg in Charenza, wie das Städtchen früher hieß, blieb allerdings nur ein Teil des Walles erhalten. Man sieht ihn dort, wo eine Freilichtbühne zu gelegentlichen Veranstaltungen einlädt.

Das **Pfarrhaus** von 1750 ist mit Rohr gedeckt. Die Stadtkirche **St. Petri** aus dem 14. Jh. steht noch, die zwei östlichen Chorjoche jedoch sind erst im 15. und 16. Jh. angefügt worden. Ein barocker Taufengel schwebt vor dem Altar von 1724. Einige Bürgerhäuser stammen aus dem 18. Jh. 1930 wurde Garz für einige Zeit berühmt. Da hatte Professor Gerhardt Katsch hier das erste deutsche Diabetikerheim gegründet, in dem Patienten mit dem gerade entdeckten Insulin behandelt werden konnten.

Dass es das **Ernst-Moritz-Arndt-Museum** gibt, obwohl Arndt in Groß Schoritz geboren wurde, liegt an der Sammelleidenschaft eines Lehrers.

Museen

Ernst-Moritz-Arndt-Museum

Zu den bibliophilen Raritäten gehört das älteste Garzer Stadtbuch, das Auskunft über Rechtsakte aus den Jahren 1353 bis 1586 gibt. Die meisten Exponate allerdings betreffen Ernst-Moritz Arndt (1769–1860).

Als Sohn eines leibeigenen Pächters des Grafen Putbus im nahen Groß Schoritz geboren, kannte er das schwere Los der Bauern. Als Historiker und Schriftsteller, der die Ungerechtigkeit der Leibeigenschaft durch die pommerschen Feudalherren anklagte und für politische Freiheit eintrat, wurde Arndt bekannt. Später kämpfte er für die Einheit aller Deutschen, unter Führung eines deutschen Erbkaisertums. Als fast 80-Jähriger wurde er nach der Revolution 1848 Abgeordneter der Deutschen Nationalversammlung. Die Ausstellung zeigt, wie die im 5 km entfernten Geburtshaus des Dichters in Groß Schoritz, Exponate aus seinem Leben und seiner Zeit.

An den Anlagen, Garz; Mai–Okt. Di–Sa 10–16, Nov.–April Di–Sa 11–15 Uhr; Geburtshaus in Groß Schoritz Mai–Okt. tgl. 10–16, Nov.–April Mo–Fr 10–16 Uhr; Eintritt 1,50 €, Kinder 1 €

Ziele in der Umgebung

Altefähr

···› S. 116, B 17

1200 Einwohner

Die schöne Altstadtsilhouette Stralsunds spiegelt sich im Sund. Im kleinen Hafen warten Menschen auf die Morgenfähre, um die Hansestadt zu besichtigen, dort zu bummeln und einzukaufen. Bis 1936, als der Rügendamm die Insel ans Festland hängte, war Altefähr das Tor zu Rügen, und man kam per Schiff. Später transportierten Trajektschiffe sogar Eisenbahnwaggons über den Sund. Jetzt ist es still geworden. Für Tagesbesucher ist ein großer kostenfreier Parkplatz ausgeschildert. Es gibt grünen und Sandstrand und Leitern, um ins Wasser zu steigen. An der Strandpromenade duftet es von morgens an nach Räucherfisch. Die letzte Fähre ist um 17.30 Uhr zurück, und wenn dann am Abend die Lichter Stralsunds im Wasser glitzern, treffen sich Fischer und Wassersportfreunde an der Promenade beim Bier. Am grob gepflasterten Weg in den Ort liegt die spätgotische Backsteinkirche mit dem eigenartigen Turm: Die Uhren sind in die äußersten Winkel gefügt.

21 km westl. von Garz

Rambin

···› S. 112, C 12

984 Einwohner

Meist rauscht man auf der B 96 einfach vorbei. Aber das Areal des einstigen Leprosenspitals **Kloster St. Jürgen,** 1334 vom Stralsunder Ratsherrn Godeke von Wickede gestiftet, ist einen Abstecher wert. Auf einem Relief des benachbarten Wohnhauses von 1730 kämpft der heilige Georg mit dem Drachen. Im Klostergarten sind Skulpturen zu sehen, und die ehemalige Klosterkapelle ist jetzt Ausstellungszentrum des Kunstvereins.

11 km nordwestl. von Garz

EINKAUFEN

Alte Pommernkate

Natürlich gibt es Räucherfisch, aber auch Hausmacherwurst, Sanddornprodukte (Wein, Saft, Gelee, Hautcreme, Öl), Konfitüren, Honig, Tee, Oster- oder Weihnachtsschmuck, Postkarten, Kalender und noch mehr.

Hauptstr. 2a (an der B 96); Tel. 03 83 06/6 26 30; tgl. 9–18 Uhr

Das Ernst-Moritz-Arndt-Museum (→ S. 83) in Garz informiert über den Historiker und Schriftsteller, aber auch über die Geschichte der Stadt.

Stralsund

S. 116, A 17

59 000 Einwohner
Stadtplan → S. 87

Die Nähe zu Stralsund ist auf Rügen an vielen Wegweisern abzulesen, wer auf der Hinfahrt hier keine Pause gemacht hat, sollte einen Ausflug dorthin unbedingt nachholen. Spuren mittelalterlichen Reichtums, Baustellen, aber auch noch bröckelnde Fassaden als Zeugnisse neuer Armut wecken die Neugier. Die UNESCO hat die Altstadt, die wie eine Insel von Wasser umgeben ist, zum Weltkulturerbe erklärt. Wenn der schönste Blick auf Stralsund der von Altefähr auf Rügen ist, dann ist der vom 104 m hohen Turm der **Marienkirche** (366 Stufen!) sicher der zweitschönste. Man sieht, wie attraktiv es für Fischer wie Kaufleute gewesen sein muss, sich hier anzusiedeln.

Die ersten reich geschmückten Kaufmannshäuser entstanden im 13. Jh. am Alten Markt, um den Neuen Markt und die Marienkirche herum entwickelte sich die Neustadt. Und weil es den Lübeckern damals nicht gefiel, dass sich eine Konkurrentin entwickelte, die sie gleich überfielen, reagierten die Stralsunder mit Stadtmauer, Land- und Wassertoren. Reste dieser alten **Stadtmauer** sind noch erhalten ebenso wie das **Kütertor** und das **Kniepertor**.

Das wunderschöne **Rathaus** (bis 2004 umfassend saniert) am Alten Markt mit der beeindruckenden Schaufassade hatte einen viel bescheideneren Vorgänger: Im Keller befanden sich Warenlager und Schankraum, die Erdgeschossflächen wurden für den Markt vermietet, in einem Flügel gab es ein bisschen Platz für den Rat, eine offene Laube diente als Gericht und ein Keller als Gefängnis. Die Bronzebüste im Innenhof stellt den schwedischen König Gustav II. Adolf dar. Die Schweden kamen den Stralsundern zu Hilfe, als die kaiserlichen Truppen unter Wallenstein im Mai 1628 anrückten, die Stadt zu erobern, und »wäre sie mit Ketten an den Himmel gebunden«. Den Sieg kann mitfeiern, wer am 24. Juli zum dreitägigen Spektakel der **Wallensteintage** nach Stralsund kommt. Gaukler, Jongleure und Musketiere bevölkern dann die Stadt, es gibt Seegefecht und Bootskorso auf dem Sund und allerlei zu essen.

Das Wulflamhaus schräg gegenüber vom Rathaus ist eines der schönsten erhaltenen Bürgerhäuser, ein Bürgermeister ließ es sich um 1380 bauen. In der Fährstraße sind alte Häuser neu verputzt, besonders schön ist die Spätrenaissancefassade des Hauses Nr. 23, des Scheele-Hauses. Hier wurde der Chemiker Carl Wilhelm Scheele geboren, der als Entdecker des Sauerstoffs zu Ruhm gelangte. Vom Scheele-Haus ist es nicht weit bis zum Hafen, von dem Schiffe nach Hiddensee ablegen. Als Ergänzung des Deutschen Meeresmuseums (→ S. 86) ist in vier auffallenden Bauten am Hafen bis 2008 das Ozeanum entstanden. 40 teilweise riesige Aquarien führen durch Ostsee, Nordsee, Nordatlantik und Polarmeer. Höhepunkt der aufregenden Unterwasserroute ist das 2,6 Liter fassende Schwarmfischbecken, und dann gibt es noch ein »Meer für Kinder«. Mit dem Segelschulschiff Gorch Fock an der Pier, dem 1933 bei Blohm & Voß gebauten Windjammer (der zwischendurch auch schon Towarischtsch hieß), mit Citymarina, Yachtservice, Yachtschule und Wassertankstelle, mit Seebühne, einem Hotel und neuen Gaststätten hat sich das Hafengebiet zu einem Anziehungspunkt der Hansestadt entwickelt und als Erlebnismeile etabliert.

Hotels/andere Unterkünfte

Kontorhaus S. 87, östl. c 2

Gediegen ausgestattet von Reiner Gehr, einem Spezialisten für den Innenausbau von Salons, Kabinen und Restaurants luxuriöser Kreuzfahrtschiffe. Vor dem Fenster Segler und Motorschiffe – das ist Stralsunder Hafenatmosphäre.

Am Querkanal 1; Tel. 0 38 31/28 98 00, Fax 29 98 09; www.kontorhaus-stralsund.de; 18 Zimmer ●●● CREDIT

Zur Post → S. 87, a 3

Die erste Adresse der Hansestadt. Sehr streng und modern steht es zwischen historischem Gemäuer am Neuen Markt, es gibt Kurzreise-Arrangements zu Sonderpreisen. Hanseatisch-gediegener Komfort. Sauna, Solarium, bewachte Tiefgarage. Bar Hemingway Mo–Sa ab 21 Uhr.

Tribseer Str. 22; Tel. 0 38 31/20 05 00, Fax 20 05 10; www.hotel-zur-post-stralsund.de; 108 Zimmer ●●● AmEx MASTER VISA

♿ 🐕

MERIAN-Tipp

9 Deutsches Meeresmuseum

Einzigartig sind das 15 m lange Finnwal-Skelett, das 5 m hohe Korallenriff, der 6 m lange Riesenkalmar, die legendäre Lederschildkröte und das Aquarium mit riesigen Meeresschildkröten in einer ehemaligen Klosterkirche. Im Nautineum auf der Insel Dänholm steht das Unterwasserlabor »Helgoland«, das Tauchboot »GEO« ist ebenso zu besichtigen wie die erste deutsche Unterwasserstation, eine Freilichtausstellung informiert über Seezeichen und zeigt Fischerschuppen und Kutter.

Katharinenberg 14–17, Eingang Mönchstraße, Stralsund; www.meeresmuseum.de; Juni–Sept. tgl. 10–18, Okt.–Mai bis 17 Uhr; Eintritt 7,50 €, Kinder 5 €; Außenstelle (Nautineum) auf der Insel Dänholm Mai und Okt. tgl. 10–17, Juni–Sept. 10–18 Uhr; Eintritt 7,50 €, Kinder 5 €

→ S. 87, a/b 3

Altstadt Pension Peiß → S. 87, a 3

Mitten in der Altstadt hinter blumengeschmückten Fenstern liegt die freundliche Unterkunft mit großen hellen Zimmern. »Bett & Bike« signalisiert, dass Fahrradfahrer willkommen sind.

Tribseer Str. 15; Tel. 0 38 31/30 35 80, Fax 3 03 58 99; www.altstadt-pension-peiss.de; 13 Zimmer ● AmEx MASTER VISA

Museen

Johanniskloster → S. 87, b 1

Aus dem ehemaligen Franziskanerkloster wurde nach der Reformation ein Alten- und Armenhaus. Heute beherbergt es Teile des Stadtarchivs. Sehenswert sind Kapitelsaal, Kreuzgang und Barockbibliothek, Räucherboden und Rosengarten.

Schillstr. 26; Mai–Sept. Mi–So 10.30–17.30 Uhr; Eintritt 2,10 €, Kinder 0,50 €

Kulturhistorisches Museum → S. 87, a/b 3

Zuerst war es ein Waisenhaus, dann ein Gymnasium, und von 1924 an wurde gezeigt, was Axel Graf von Löwen, 1748 bis 1772 schwedischer Generalgouverneur, an Wertvollem gesammelt hatte. Heute sieht man einen Querschnitt durch den Wohlstand des Stralsunder Bürgertums: Möbel, Schmuck, in teils schummrigen Räumen arrangiert. Der Hiddenseer Goldschmuck ist meist nur als Kopie zu bewundern. Ein Manko hat die Spielzeugsammlung im ersten Stock: Man darf nichts anfassen.

Mönchstr. 25/27; weitere Ausstellungsräume in historischen Gebäuden: Speicher, Böttchenstr. 23, und Museumshaus, Mönchstr. 38; Di–So 10–17 Uhr; Eintritt 3 €, Kinder 1,50 €

Essen und Trinken

Tafelfreuden im Sommerhaus → S. 87, westl. a 2

Dem Namen muss fast nichts hinzugefügt werden: Feine Küche mit gelegentlichen Events (Sushi-Abend, Kochkurs) wird in schöner Umgebung

serviert. Gute Einstimmung liefert schon die Homepage.
Jungfernstieg 5a; Tel. 0 38 31/29 92 60; www.gourmetguide.com/tafelfreuden; Di–So ab 18, Sa/So auch 12–14.30 Uhr
●●● CREDIT

Aktivitäten

HanseDom

Freizeit- und Erholungspark mit Wassererlebnis- und Saunenwelt, Squash, Tennis, Fitness auf 120 000 qm.
Grünhufer Bogen 18–20; Tel. 0 38 31/3 73 30; www.hansedom.de; Mo–So 9.30–23 Uhr

Service

Auskunft

Stralsund-Information → S. 87, b 2
Alter Markt 9, 18439 Stralsund; Tel. 0 38 31/2 46 90, Fax 24 69 22; www.stralsundtourismus.de; Stadtführungen finden von Mai–Sept. tgl. um 11 Uhr statt (3 €, Kinder 2 €)

Routen und Touren

An der Hafenmole von Vitte (→ S. 95), dem größten Ort auf Hiddensee: Wenn abends die letzte Fähre abgefahren ist, wird es wieder still auf der Insel.

Ob im Auto um Rügen herum, zu Fuß durchs mittelalterliche Greifswald oder mit dem Rad über Hiddensee und das Mönchgut – überall warten vielfältige Reize auf Entdecker.

Rund um Rügen – Alleen, Bäderarchitektur und verlockende Aussichten

Charakteristik: abwechslungsreiche Autofahrt, einzelne Abstecher kann man nur zu Fuß bzw. per Bus/Bahn machen; **Länge:** 150 km; **Dauer:** 1 Tag; **Einkehrmöglichkeiten:** in jedem Ort Restaurants und Cafés, oft Räucherbuden; **Karte:** ···› Umschlagkarte vorne

Ganz rund um Rügen geht die Tour nicht, das wäre an einem Tag auch nicht zu schaffen. Das Mönchgut, den Norden und die Halbinsel Ummanz hat man am Ende nicht gesehen und das, was man durchquert hat, auch oft nur flüchtig. Vieles ist mit dem Auto nicht zu erreichen. Wer nicht vom Parkplatz zu Fuß gehen will, muss im Nationalpark Jasmund in den Pendelbus umsteigen, in Putgarten das Bähnchen zum Kap Arkona nehmen und zum Jagdschloss Granitz den Rasenden Roland. Das braucht Zeit, will man es nicht beim ersten Eindruck lassen und die eingehende Besichtigung für einen anderen Tag planen.

Stralsund ···› Binz

Wer von **Stralsund** über die Rügenbrücke kommt, verlässt die B 96 in Samtens Richtung Garz. Von dort führt die **Deutsche Alleenstraße** im Sommer wunderbar schattig nach **Putbus.** Östlich der Straße liegt ein Wildgehege, dem schließt sich der weitläufige Schlosspark an, gegenüber befindet sich Rügens einziges Theater, und die Ortsmitte bildet der Circus, die weiße »Häusertorte« des Fürsten Malte I. Auf das Wasser blickt man im 4 km entfernten Hafenort **Lauterbach.** Die Insel Vilm liegt zum Greifen nah, und es duftet nach Räucherfisch. Wer in Putbus der Alleenstraße Richtung Binz folgt, kommt durch **Vilmnitz.** Die Pfarrkirche Maria Magdalena von 1249 steht auf einer Anhöhe. In 27 Prunksärgen in der Familiengruft unter dem Chor sind die Herrscher von Putbus, unter ihnen Fürst Malte I., beigesetzt. Man kann nur durch ein vergittertes Fenster hineinsehen.

Kurz vor Binz erstrecken sich die Buchenwälder der Granitz bis an die Ostsee und nach Sellin. Manchmal guckt ein rotes Türmchen aus den Blättern, es gehört zum **Jagdschloss Granitz** auf dem 106 m hohen Tempelberg, das Fürst Malte zu Putbus sich im 19. Jh. als Gästehaus bauen ließ. Den Aussichtsturm – für einen wunderbaren Blick über Land und Meer – entwarf Karl Friedrich Schinkel, hinauf führt eine kunstvoll durchbrochene Eisentreppe. **Binz** lohnt auf jeden Fall einen Stopp, einen Gang über die Hauptstraße mit schönen – und teuren – Geschäften bis zur Seebrücke, an der mit dem Kurhaus die Strandpromenade beginnt. Seebäderarchitektur ist bis in die Seitenstraßen zu bewundern: Säulen, geschnitzte Balkons und manchmal auch Palmen – alles wie zu Beginn des 20. Jh., als das »Nizza des Ostens« schon eine feine Sommerfrische war.

Prora ···› Schaabe

Auf dem Weg nach Sassnitz liegt **Prora** am Meer, an der Prorer Wiek, ein 4,5 km langer Betonkamm, von den Nationalsozialisten als Seebad für 20 000 Menschen geplant und, nachdem sie den Krieg mit dem Einmarsch in Polen begonnen hatten, nicht vollendet. Bis zur Wende Sperrgebiet, wurde die mächtige Anlage mit feinsandigem weißen Strand dann im Laufe der Jahre zum Ort der 50 Museen, kulturellen Einrichtungen, Galerien, Diskotheken. Ein Teil wurde 2005 verkauft, die Zukunft der Gebäude ist ungewiss. Kurz vor Sassnitz passiert man den Vorort Neu Mukran, seit 1998 mit neuem Fährhafen Rügens Tor nach Osten und Norden. In **Sassnitz** kann man am Fischereihafen parken. Gleich hinter der Seebrücke beginnt die kleine Altstadt mit schmuck renovierten Häusern, Hotels und Gaststätten. Von der 1,5 km langen Mole schaut man den Fischern zu, startet zu Bootstouren, oder man verlässt sie nach Süden und entdeckt die neue Museumsmeile mit dem schönen Fischerei- und Hafenmuseum, dem abenteuerlichen Museum für Unterwasserarchäologie oder klettert ins U-Boot. Von der Hauptstraße biegt man danach rechts ab Richtung Hagen und **Nationalpark Jasmund**.

Die Fahrt durch das kurvenreiche bewaldete Mittelgebirge endet am Parkplatz Hagen. 1,5 km führt ein schöner Weg an Herthasee, Wald- und Moorflächen vorbei zum Königsstuhl und zum Nationalpark-Zentrum mit sehenswerten Ausstellungen. Voll wird es sein, weil kein Rügenbesucher sich das »Tafelsilber der Wiedervereinigung« entgehen lassen will. Wer vom **Königsstuhl** zehn Minuten nach Süden geht, hat ohne Eintritt einen schönen Blick von der Viktoriasicht, einem winzigen Balkon im Fels. Riesig scheint der Königsstuhl und nachmittags schattengrau. Von Hagen lohnt ein Abstecher nach **Lohme**, einem leisen kleinen Ort über der Steilküste. An der unendlichen Treppe hinunter zum Yachthafen liegt das Café Niedlich mit Blick auf die Tromper Wiek und zum Kap Arkona. Eine schmale Straße führt nach **Glowe**. Die roten Türme von Schloss Spyker ragen südlich aus dem Wald. Hinter Glowe beginnt die **Schaabe**, 11 km nichts als Kiefernwald, und dahinter verbirgt sich ein ebenso langer feiner Strand.

Altenkirchen ···> Gingst

Das verschlafene **Altenkirchen** ist der Hauptort der Halbinsel Wittow mit einer schönen, 800 Jahre alten Kirche. In Putgarten auf dem Parkplatz ist die Fahrt wieder einmal zu Ende. Ein kurzer Fußmarsch führt zum Rügenhof mit Läden und Restaurant. Zum **Flächendenkmal Arkona** gehört das Dörfchen **Vitt**: 13 reetgedeckte Häuser, ein Gasthaus und eine Uferkapelle in einer Schlucht am Meer. Einen guten Kilometer weiter kann man die Reste der Jaromarsburg sehen, mit deren Zerstörung die Christianisierung des Landes begann, und 200 m weiter drei Leuchttürme. Nördlich vom Kap Arkona liegt mit Gellort der nördlichste Inselpunkt überhaupt.

Zurück in Altenkirchen, fährt man über Wiek Richtung Trent und zur **Wittower Fähre**, mit der man in wenigen Minuten auf Rügens Hauptinsel übersetzt. In Kluis biegt die Straße nach **Gingst** ab. Mit den Historischen Handwerkerstuben sind hier fast authentische alte Werkstätten zu sehen, 50 Handwerksberufe sollen im Mittelalter vertreten gewesen sein, heute kaum vorstellbar. Weiter südlich, am Ortsausgang, ist ein Rügenpark aufgebaut, mit der ganzen Insel im Kleinen, aber auch dem Bamberger Dom und dem Schiefen Turm von Pisa im Maßstab 1:25. In Samtens erreicht man schließlich wieder die B 96 Richtung Stralsund.

Ein Blickfang in der romanischen Dorfkirche in Altenkirchen ist das um 1250 geschaffene Taufbecken aus Kalkstein, dessen vier Köpfe die vier Ströme des Paradieses symbolisieren.

Greifswald – Alte Hansestadt, maritimer Vorort und romantische Ruine

Charakteristik: Stadtrundgang mit Abstechern in den Vorort Wieck und zur Klosterruine Eldena; **Dauer:** 1 Tag; **Einkehrmöglichkeiten:** zahlreiche schöne Restaurants und Cafés, z. B.: Braugasthaus Zum Alten Fritz, Markt 13 (Tel. 0 38 34/5 78 30; tgl. ab 11 Uhr ● bis ●● CREDIT); **Auskunft:** Greifswald-Information, Rathaus-Arkaden, Markt 17; Tel. 0 38 34/52 13 80, Fax 52 13 82; www.greifswald.de; **Karte:** → S. 93

Wer von Süden und somit aus Richtung Berlin nach Rügen fährt, passiert Greifswald, auch wenn er zur Überfahrt weiter nördlich die Glewitzer Fähre benutzt. Diese Strecke ist eine gute Alternative zu Rügendamm und Rügenbrücke, allerdings auch kein Geheimtipp mehr.

Mittelalterliche Silhouetten

Wer von Süden kommt, lässt sich vielleicht von immensen Großplattensiedlungen abschrecken, wer von Norden, also aus Richtung Stralsund, kommt, hat gleich den schönen Blick auf die dicke Marie, den schlanken Nikolaus und den kleinen Jakob, drei unterschiedlich dicke und lange Kirchtürme, die dörfliche Häuser und Gehöfte überragen – fast so, wie Caspar David Friedrich »Wiesen bei Greifswald« 1822 gemalt hat.

MERIAN-Tipp

10 Klosterruine Eldena

Dieses eindrucksvolle Gemäuer liegt an der Straße nach Wolgast und überragt nach wie vor imposant den grünen Park. Von Greifswald aus benötigt man etwa 1 Stunde zu Fuß dorthin (ca. 3 km), über den Studentensteig von Wieck ist man in 5 Minuten da. 1199 hatten Zisterzienser hier eine Abtei gegründet. Caspar David Friedrich hat die Ruine in unterschiedliche Landschaften gestellt. Menschenleer und still ist es hier fast immer. Nur im Sommer, im Juli, versammeln sich seit 1980 hunderte zum Jazz-Event.

Mit rund 180 Mio. € haben die Greifswalder Stadtväter die Sanierung von 68 ha Altstadt und Fleischervorstadt innerhalb der nächsten 20 Jahre veranschlagt. Inzwischen tritt die mittelalterliche Substanz wieder zutage, schmücken sanierte Häuser den denkmalgeschützten Markt. Das Rathaus aus dem 14. Jh. ist der Mittelpunkt, der einst gotische Backsteinbau wurde nach einem Brand 1738 bis 1750 mit Volutengiebel und gotischen Arkadengängen wieder aufgebaut. Auffällig schön ist das **gotische Haus am Markt 11** mit siebenfach gestaffeltem Maßwerkgiebel. In der Fußgängerzone findet man unter der Adresse Lange Straße 49 **St. Spiritus**, einen verträumten Innenhof im Fachwerkgemäuer, der im Sommer für abendliche Konzerte genutzt wird. Das Pommersche Landesmuseum, Mühlenstr. 15 (Di–So 10–18, Winter bis 17 Uhr; Eintritt 4,50 €, Kinder 2,50 €), zeigt neben Exponaten zur Landesgeschichte Bilder von bedeutenden Künstlern des 18. und 19. Jh.

Wie bei van Gogh

Rund um die **Klappbrücke in Wieck** – man fährt nach Osten Richtung Eldena und Wolgast –, eine der Touristenattraktionen Greifswalds, machen sich neue und alte Fischgaststätten Konkurrenz, mit und ohne Reetdach. Die Zugbrücke, wie von van Gogh gemalt, die seit 1877 den Fährbetrieb über den Ryck ersetzt, der einst die Orte Wieck und Eldena verband, öffnet jede Stunde die hölzernen Flügel für die wartenden Segelboote und die fotografierenden Touristen.

Greifswald
Ryck
Museumshafen
Fangenturm
Hansering
Wolgaster Str.
Anklamer Str.
Theater
Robert-Blum-Str.
Wiecker Klappbrücke, Klosterruine Eldena, Wolgast
10
Marienstr.
Holzgasse
Hafenstr.
Salinenstr.
Stralsunder Str.
Stralsund
An der Bleiche
Pl. der Freiheit
Bleichstr.
Lange Reihe
R.-Luxemburg-Str.
Stephanistr.
Goethestr.
Am Mühlentor
Schützenstr.
Kuhstr.
Marienkirche
Brüggstr.
Schuhhagen
Mühlenstr.
Pommersches Landesmuseum
Wall
Knopfstr.
Rakower Str.
Markt
Rathaus
Johann-Sebastian-Bach-Str.
Fleischerstr.
Friedrich-Loeffler-Str.
Roßmühlenstr.
Fischstr.
Baderstr.
Domstr.
Wallstr.
Friedhof
Ernst-Thälmann-Pl.
Steinbecker Str.
Lange Str.
Caspar-David-Friedrich-Zentrum
Dom St. Nikolai
Luther-Str.
August-Bebel-Pl.
Martin-Luther-Str.
Hunnenstr.
Spital St. Spiritus
St. Josef
Bahnhofstr.
Uniklinik
Weißgerberstr.
Rotgerberstr.
Rubenowstr.
Rubenowpl.
Universität
Kapaunenstr.
Wollweberstr.
Jakobikirche
Gerichte
Bahnhof
DB
Tierpark
Parkteich
Karl-Marx-Platz
Hans-Fallada-Str.
Kleingärten
Grimmer Str.
Münterstr.
Botanischer Garten
0
300 m
©MERIAN-Kartographie
a
b
c
d
e
f
1
2
3

10 Auf Hiddensee – Mit dem Rad genussvoll über ein autofreies Eiland

Charakteristik: gemütliche Radtour auf Asphalt und Dünen, gelegentlich muss man schieben; **Länge:** 20 km; **Dauer:** ohne Badepausen 1/2 Tag; **Einkehrmöglichkeiten:** am Dornbusch und am Hafen von Kloster; **Karte:** → S. 108, A 4–B 3; S. 112, A 9

Alte Windmühle bei Vitte auf Hiddensee.

Die Fahrt beginnt am Hafen von **Schaprode,** wo 1168 schon die Dänen zur Eroberung Rügens landeten. Der schöne Ort mit einer der ältesten Kirchen auf Rügen (ab 13. Jh.) und reetgedeckten Fischerkaten schützt sich mit großen Steinen vor den Häusern davor, zum Parkplatz der Hiddensee-Fahrer zu werden. Ein großer Parkplatz ist ausgewiesen, und auch Privatleute stellen ihre Grundstücke zum Parken zur Verfügung. Wer die Fähre nach Neuendorf wählt, legt in einer halben Stunde auf Hiddensee an. Wer eine Fahrradkarte gelöst hat, kann von jedem der Hiddensee-Häfen zurück nach Rügen fahren. Wer ohne Rad kommt, findet in den Orten einen Verleih.

Neuendorf → Vitte

Besucher mit genug Zeit sollten in **Neuendorf,** dem südlichsten Inselort, erst nach Westen fahren und dann nach Süden einbiegen. Besser als der Dammweg ist der Sandweg zu befahren, der zum 12 m hohen Süder-Leuchtturm führt. Dahinter liegt ein wenig besuchter feinsandiger Strand. Die Schutzzone I des Nationalparks, der dann beginnt, darf man nicht betreten. In Neuendorf fällt der Mangel an Zäunen und Wegen auf. Die weiß getünchten Häuser unter dicken Reetdächern sind alle gleich ausgerichtet, von Ost nach West, zum Schutz vor den Herbststürmen. Hinter den Dünen aufgereiht stehen die Häuser des Ortsteils Plogshagen.

Der Weg von Neuendorf nach Vitte, zum größten Inselort und administrativen Zentrum Hiddensees, führt 5 km auf einem asphaltierten Radweg nach Norden. Winzige Urlauberhäuschen verstecken sich hinter Rosenhecken und Treibholzzäunen in der Dünenheide mit Birken und Vogelbeerbäumen. Man hört Bienen summen und die Wellen rauschen – keinen Motorenlärm. Die erste Abzweigung vor Vitte nach links eröffnet einen wunderschönen Blick auf die Ostsee und einen langen feinen Strand. Der

Radwanderweg führt nun direkt auf den Dünen nach Norden. Links liegen Badegäste, mit und ohne Bekleidung, rechts gleich hinter dem Deich Ferienhäuser. In **Vitte** gibt es Hotels und Restaurants. Seinen Namen hat der Ort von den »Vitten«, wie schon im 14. Jh. die Plätze hießen, an denen die Heringe, nach dem Fang gesalzen und in Tonnen zum späteren Verkauf vorbereitet, umgeschlagen wurden. Weder die Blaue Scheune der Maler noch das Haus Karusel der dänischen Diva Asta Nielsen entsprechen der Bautradition des Ortes, sind aber längst zu Markenzeichen Hiddensees geworden.

Kloster ···> Dornbusch

Die Masten des Yachthafens ragen in den Inselhimmel, und nach 5 km endet der Radweg vor **Kloster**. Links steht das Heimatmuseum, in dem eine Kopie des legendären Hiddenseer Goldschatzes gezeigt wird. Das Original des kostbaren Wikinger-Schmucks, den eine Sturmflut 1872 an den Strand spülte, wird in einer Stralsunder Bank verwahrt. Ein ungepflasterter Weg, der Kirchweg, führt als Hauptstraße nach rechts in den Ort mit auffallender Bebauung, die zu Beginn des 20. Jh. entstand, als Künstler das Bild der Insel nach eigenen Vorstellungen prägen wollten. So findet man dort das Schlösschen Lietzenburg, das Oskar Kruse, Schwager der Puppenmacherin Käthe Kruse, 1904 bauen ließ. Ein Stück weiter genoss Gerhart Hauptmann seinen Sommersitz Seedorn, heute Gedenkstätte. 45 Jahre dauerte es nach Hauptmanns erstem Hiddensee-Besuch, bis er das Haus 1930 erwarb und es mit Kreuzgang und Arbeitszimmer erweitern ließ. Die spätgotische Inselkirche (1332) haben Mönche hinterlassen. Sie erinnert an das Hiddenseer Zisterzienserkloster, das hier stand. Ein Taufengel im Bauernrock hält die Schale mit dem Taufwasser. Auf der Galerie der Empore werden auf einem Bild Schiffbrüchige gerettet (gemalt von Christoph Rosenow, der Pfarrer in Sellin auf Rügen war), und der Berliner Maler Nikolaus Niemeier schmückte 1922 das Tonnengewölbe mit Rosen. Ein riesiger Granitblock auf dem Friedhof neben der Kirche trägt nur den Namen »Gerhart Hauptmann«. Auch auf anderen Gräbern liest man bekannte Namen: Gret Palucca, Balletttänzerin, lehrte in Dresden viele Schüler das Tanzen. Walter Felsenstein leitete zu DDR-Zeiten die Komische Oper in Ostberlin.

Im Norden Klosters steigt der Weg langsam an, bevor er in 72 m Höhe vor der Steilküste endet. Das Radfahren ist hier verboten. Zwischen gelb blühenden Ginsterbüschen, wilden Rosen und Sanddornsträuchern, Holunder- und Brombeerbüschen geht es hinauf zum Schluckswiek, auf dem Hiddensees Wahrzeichen, der 28 m hohe Leuchtturm, 1887/88 errichtet wurde. Noch einmal hundert Stufen sind zu bewältigen, und dann hat man einen herrlichen Blick über die Insel, bis nach Rügen und Stralsund. Wie zwei Finger wachsen östlich die Naturschutzgebiete Altbessin und Neubessin auf Rügen zu, und die Fahrrinne zwischen den Inseln muss immer wieder ausgebaggert werden. Westlich, über der Steilküste, ducken sich die Kiefern als Windflüchter landeinwärts. Von Büschen geschützt, steht auf dem Dornbusch auch ein Restaurant.

Grieben ···> Schaprode

Unterhalb des Dornbusch führt ein erst naturbelassener, dann befestigter Radweg nach Osten und nach **Grieben**, einem winzigen Dorf mit einigen Reetdachhäusern, das bereits 1297 urkundlich erwähnt wurde. Nach Kloster ist es nicht weit. Die erste Abzweigung nach links führt dort zum Hafen. Wer mag und Zeit hat, kann noch am Ostufer auf dem Deichkamm nach Vitte fahren. Hinter dem Yachthafen geht es links zum Hafen, und 45 Minuten dauert die Schiffsfahrt über das Boddengewässer bis nach Schaprode.

Auf der Halbinsel Mönchgut – Per Drahtross zu offenen und versteckten Schätzen

Charakteristik: Radtour auf meist ebener, gelegentlich bergiger Strecke über Asphalt, Platten- und Waldwege; **Länge:** 35 km; **Dauer:** 1/2 Tag; **Einkehrmöglichkeiten:** in fast jedem Ort Restaurants und Cafés; **Karte:** ···› S. 119, F 22; Umschlagkarte vorne

Man startet am Südostzipfel des Mönchgutes, im alten Fischer- und Lotsendorf **Thiessow.** Das Zisterzienserkloster Eldena bei Greifswald hatte den Ort und die Insel Zicker im 14. Jh. gekauft. Im 17. Jh. hatten die Bewohner die Lotsenpflicht für Schiffe, die den Greifswalder Bodden befuhren. Heute ist die 400-Menschen-Gemeinde ein bescheidenes Ostseebad mit Ost- und Weststrand.

Thiessow ···› Moritzdorf

Die Tour beginnt am zentralen Parkplatz und führt Richtung Norden bis zur Strandstraße und dann rechts bis zum Waldrand. Der Radweg nach Lobbe verläuft von hier an zwischen Straße und Strand durch den Kiefernwald. Hin und wieder sieht man rechts den Strand und könnte auch dorthin abbiegen. Links geben Querwege den Blick zum Zickersee frei. Am Ende des Waldes liegt **Lobbe.** Etwa 200 m hinter dem Ortsschild führt links ein Radweg auf dem Damm westlich am winzigen Ort mit seinen wenigen Häusern vorbei. Man hat einen schönen Blick nach Westen auf die Zickerschen Berge und die Hagensche Wiek. Rechts vorne liegt schon Göhren, aber die Tour führt parallel zur Straße nach **Middelhagen.** Unterwegs sieht man das Windschöpfrad Lobbe, das, 1920 gebaut, bis 1955 zur Entwässerung des landwirtschaftlich genutzten Gebietes diente. Von einst 33 Schöpfrädern auf Rügen ist nur dieses erhalten geblieben.

Im historischen Ortskern Middelhagens an der Hagenschen Wiek liegt neben der mittelalterlichen Kirche mit einem Fundament aus Findlingsblöcken das Schulmuseum, 1825 als Lehmfachwerkhaus mit Backsteinen gebaut. In sechs Zimmern des früheren Schul- und Küsterhauses kann man die Entwicklung des Schulwesens seit 1945 begutachten. Bis zu 40 Kinder aus acht Schuljahren wurden da sogar in einem Raum unterrichtet. Die Tour führt von hier zum nahen **Mariendorf** und biegt am Schafberg hinter den Häusern nach rechts Richtung Alt Reddevitz ab und schon bei der nächsten Gabelung nach links Richtung Baabe. Vor dem Campingplatz geht es rechts auf einen Hügel und kurz, aber steil hinunter zum Ufer der Having und zum Baaber Bollwerk. Ein schmaler Wasserarm, die Moritzdorfer Beek, versperrt den Weg, aber die einzige Ruderfähre aus alter Zeit, die auf Rügen noch erhalten ist, setzt Menschen und Räder über wie vor hundert Jahren. Hoch über **Moritzdorf** liegt die Moritzburg, ein Gasthaus mit wunderbarem Panoramablick über Hügel und Salzwiesen. Es empfiehlt sich, das Rad unten an der Treppe zu lassen.

Seedorf ···› Sellin

Nach der Fahrt durch Moritzdorf geht es nach dem Ortsausgangsschild gleich links auf 44 m hoch, es heißt also schieben. Nicht ganz so steil geht es von oben hinunter nach **Seedorf,** einem alten Werft- und Fischerdorf, und dort links zum Hafen. Hier wurden noch bis zur vorletzten Jahrhundertwende Großsegler gebaut. Das letzte Schiff, die »Seedorf«, lief 1925 vom Stapel. Weiter geht's über die Brücke über die Lanckener Beek nach Preetz und dort nach der Ortsdurchfahrt zum Fünffingerweg. Hier kreuzen sich fünf Wege, und wir biegen nach rechts

Richtung Lancken-Granitz ab, etwa 400 m weiter stehen die berühmten **Großsteingräber**, fünf Hünengräber im Abstand von etwa 50 m, schon von weitem an den Baumgruppen, die sie umrunden, zu erkennen. Heute gibt es auf Rügen noch etwa 50 Gräber aus der Jungsteinzeit, ein Viertel der Grabanlagen, die vor 200 Jahren registriert wurden. Haus- und Straßenbau und Grabräuberei haben die Anlagen dezimiert. Es wird vermutet, dass die Gräber von Lancken-Granitz von Menschen aus dem heutigen Dänemark nach den Vorbildern in ihrer Heimat angelegt wurden.

Man fährt dann durch **Lancken-Granitz** bis zur Kreuzung der B 196 und über die Straße Richtung Jagdschloss Granitz. Eine Kastanienallee verläuft bis zum Gleisübergang der Kleinbahn, dann führt der Weg nach rechts in den Wald und 700 m weiter an einer Gabelung wieder nach rechts und bergab. Parallel zu den Schienen des Rasenden Roland geht es weiter durch den Buchenwald und an der nächsten Gabelung Richtung **Sellin**. Dort sollte man sich Zeit für eine Pause nehmen. Dafür muss man von der Granitzer Straße nach links in die Wilhelmstraße einbiegen und kann geradeaus bis zur Seebrücke durchfahren. Auch Sellin war ein Fischerdorf und entwickelte sich ab 1895 mit der Kleinbahn zum Badeort. Da wurde die Lage über der Steilküste zum Problem. So baute man 1906 eine 600 m lange Landungsbrücke, mit Restaurant und Konzertmuschel. Auch zur neuen Landungsbrücke muss man hinunterklettern und kann sich hier den Seewind um die Ohren wehen lassen oder windgeschützt unter Palmen im Inneren sitzen.

Rügens etwa 50 Großsteingräber zählen zu den ältesten Begräbnisstätten Europas.

Baabe ···> Thiessow

Die Fahrt geht weiter über die Ostbahnstraße zur B 196 und über den parallel ausgebauten Radweg nach Baabe. Der moderne Bau, der aus dem Grün ragt, ist das Cliff-Hotel, zu DDR-Zeiten luxuriöse Bleibe für Funktionäre und mit Fahrstuhl zum Strand, aber auch heute eins der Spitzenhäuser Rügens. **Baabe**, wiederum ein Fischerdorf und ganz im Norden des Mönchgutes gelegen, entwickelte sich Ende des 19. Jh. zum Seebad. Der Mönchgraben, der das Mönchgut von Rügen trennt, verläuft durch den Ort, vom Steilufer zum Selliner See. 1922 war Baabe das fortschrittlichste der Rügener Seebäder, denn hier wurde zuerst das gemischte Freibaden erlaubt. Neben der B 196 führt der Weg nach Göhren, kreuzt die Straße zum Bahnhof und zum Campingplatz, folgt der Abfahrt zur Klinik und weiter nach Lobbe, und dort an der Hauptstraße nach links geht es wieder durch den Wald an der Küste bis zurück nach Thiessow.

Wissenswertes über Rügen

Seit Ende 2007 kann man über eine 128 Meter hohe Pylonenbrücke (→ S. 101) von Stralsund aus auf die Insel Rügen fahren. Das bedeutet eine erhebliche Entlastung des alten, 1936 für den Verkehr freigegebenen Rügendamms, der hinter der Brücke zu sehen ist.

Vom Geschichtsüberblick über die Anfahrtsmöglichkeiten bis zu FKK, Öffnungszeiten und Reisewetter: Alles Wissenswerte ist hier übersichtlich aufgeführt.

Jahreszahlen und Fakten im Überblick

Um 4000 v. Chr.
Lietzow-Kultur – benannt nach dem Ort Lietzow zwischen Kleinem und Großem Jasmunder Bodden, in dessen Umgebung Feuersteingeräte gefunden wurden.

3000–1800 v. Chr.
Zahlreiche Großsteingräber werden in den verschiedenen Regionen Rügens errichtet.

3.–6. Jh.
Die Rugier verlassen Rügen und Hiddensee und wandern nach Süden.

7.–11. Jh.
Slawen besiedeln die Inseln. Die Kultstätte der Slawen, Rethra auf der mecklenburgischen Seenplatte, wird zerstört, und die Jaromarsburg, dem Gott Svantevit geweiht, entsteht als wichtigstes Heiligtum auf Kap Arkona. In Garz wird eine Burg errichtet.

1168
Die Dänen erobern die Insel Rügen, verbrennen die Tempelburg Arkona, der slawische Fürst Jaromar unterwirft sich, wird dänischer Lehensträger, und damit beginnt die Christianisierung.

1297
Zisterzienser bauen auf Hiddensee, das Fürst Wizlaw II. ihnen geschenkt hat, ein Kloster.

1325
Mit dem letzten slawischen Fürsten Wizlaw III. stirbt das Haus der Ranen. Rügen gehört fortan zum Herzogtum Pommern-Wolgast.

14./15. Jh.
Die Inseln werden von Adelsgeschlechtern beherrscht, Rügen von der Familie zu Putbus.

1534
Pommern wird protestantisch, der Kirchenbesitz wird säkularisiert.

1618–1648
Pestepidemie auf Rügen. Der Dreißigjährige Krieg bringt außerdem Zerstörungen und Hungersnot. Dänen, Schweden und Wallensteins Truppen besetzen die Inseln. Im Westfälischen Frieden wird Rügen den Schweden zugesprochen.

18. Jh.
Adlige Gutsherren enteignen Bauernland, legen deren Grundstücke für sich zusammen (»Bauernlegen«) und machen die Bauern zu Leibeigenen.

1769
Ernst-Moritz Arndt wird in Groß Schoritz als Sohn eines gerade aus der Leibeigenschaft derer zu Putbus entlassenen Bauern geboren.

1808
Fürst Malte I. gründet Putbus.

1820
König Gustav IV. Adolf hebt auf allen Besitzungen der Schweden die Leibeigenschaft auf.

1826
Nach Plänen von Karl Friedrich Schinkel wird auf Arkona ein Leuchtturm gebaut.

1872
Nach einer schweren Sturmflut werden vor Hiddensee Teile des später berühmten Wikinger-Goldschmucks gefunden.

1897
Die Post- und Passagierdampferlinie zwischen Sassnitz und Trelleborg in Schweden wird eröffnet.

1936
Der erste Zug fährt über den 2,5 km langen Rügendamm.

1938
Das »Kraft-durch-Freude«-Bad Prora wird mit acht Häusern begonnen. Nach dem Angriff Nazi-Deutschlands auf Polen am 1. September 1939 wird der Bau eingestellt.

1945
Luftangriffe der Alliierten auf Sassnitz zerstören Hafen- und Bahnanlagen. Der deutsche Kommandant lässt kurz vor Kriegsende den Rügendamm sprengen, aber die Rote Armee besetzt die Insel. Flüchtlinge kommen, der Großgrundbesitz wird in Neubauernstellen aufgeteilt.

1946
Gerhart Hauptmann wird auf Hiddensee beigesetzt.

1952
Die Länder in der DDR werden aufgelöst, Rügen und Hiddensee kommen zum Bezirk Rostock. Die ersten landwirtschaftlichen Produktionsgenossenschaften entstehen. Bis 1960 werden sich die letzten Einzelbetriebe den LPGs anschließen.

1953
Die »Aktion Rose« vertreibt die Besitzer von Hotels und Pensionen, die wegen vorgeblicher Wirtschaftsverbrechen enteignet werden.

1986
Der Güterfährhafen in Mukran geht in Betrieb. Auf Wunsch der Sowjetunion ist die Linie zwischen Rügen und Klaipeda (früher Memel) in Litauen zur Umgehung des politisch unstabilen Partners Polen gegründet worden.

1989
Im Herbst Demonstrationen gegen das SED-Regime.

1991
Die Wiedervereinigung führt zu einem dramatischen wirtschaftlichen Einbruch. Fast die Hälfte der Rüganer wird arbeitslos, Arbeitsplätze von Soldaten, Fischern und Bauern verschwinden. Immer mehr Rüganer wandern aus und suchen ihr Glück anderswo.

1993
Tausende von Restitutionsansprüchen müssen bearbeitet werden. Manche Bewohner alter Villen werden obdachlos. Franz von Putbus verlangt die Rückgabe von einem Sechstel Rügens, weil sein Vater enteignet wurde.

1994
Sanierte Häuser, neue Hotels und ungewöhnlich lange warme Sommer bringen langsamen Aufschwung. Die zu kurze Saison bedingt aber gleich wieder erste Pleiten. Binz entwickelt sich zum »1-a-Immobilienstandort«.

1997
Auf Rügen gibt es mittlerweile mehr Ferienbetten als Einwohner.

1998
Die Königslinie Sassnitz–Trelleborg ist 101 Jahre alt geworden. Der neue Fährhafen heißt Mukran. In 3,5 Stunden erreicht man Trelleborg oder Rønne.

2005
An der Rügener Kreideküste stürzen die bis zu 20 m hohen Kreideformationen der Wissower Klinken in die Tiefe. Bei Lohme rutschen 1000 m^3 Kreide ins Meer.

2007
Im Oktober wird die zweite Rügenquerung über den Strelasund eröffnet. Der Bau des 2,8 km langen neuen »Rügendammes« mit einer 600 m langen Pylonenbrücke hat drei Jahre gedauert.

Nützliche Adressen und Reiseservice

> **Auf einen Blick**
>
> **Einwohnerzahl:** 70 000
> **Fläche:** 976 qm
> **Bundesland:** Mecklenburg-Vorpommern
> **Verwaltung:** Rügen bildet einen der 12 Landkreise des Bundeslands Mecklenburg-Vorpommern und ist der einzige Insellandkreis Deutschlands; er besteht aus 4 Städten und 39 Gemeinden; Kreisstadt: Bergen; neben Hiddensee gehören zu Rügen auch die Inseln Ummanz, Liebitz, Heuwiese, Öhe, Liebes, Urkevitz, Beuchel, Vilm und Tollow
> **Wirtschaft:** Fischfang und -verarbeitung, Landwirtschaft, Tourismus

Anreise

Mit dem Auto

Mit der Fertigstellung der umstrittenen Küstenautobahn A 20 von Lübeck nach Stettin hat sich die Anreise für Rügenbesucher aus Richtung Hamburg nach bisherigen Erfahrungen um ca. 30 Minuten verkürzt. Aus Richtung Berlin verkürzt die A 19 die Strecke. Die B 105 und die B 96 führen nach Stralsund und über Rügendamm und -brücke (im Osten). Zu den Badeorten an der Ostküste fährt man dann noch ca. 50 km.

Den Planungen zufolge sollen täglich bis zu 23 000 Fahrzeuge über die neue, 128 m hohe Pylonenbrücke rollen, die im Oktober 2007 dem Verkehr übergeben wurde. Weitere 9000 sollen die alte Strelasund-Querung, den Rügendamm, passieren. Bisher lag die Kapazität des 1936 eingeweihten Dammes bei maximal 18 000 Fahrzeugen pro Tag. Der Verkehr über die Pylonenbrücke wird von einem kamera- und sensorgestützten Leitsystem in der Verkehrszentrale im mecklenburgischen Malchow überwacht. Als einzigartig gilt das Windabweisersystem, das mit 2 m hohen Spezialglaswänden das Kippmoment von hohen Lkws reduziert, so dass angenommen wird, dass windanfällige Fahrzeuge nur an durchschnittlich drei Tagen im Jahr über den alten Rügendamm geleitet werden müssen. Bis 2011 führt die Brücke auf der Rügenseite noch in ein Nadelöhr auf die alte Landstraße, weil sich der Neubau einer Bundesstraße verzögert hat.

Unzulänglich ausgeschildert ist die Entlastungsstrecke zur Autofähre zwischen Stahlbrode (zwischen Greifswald und Stralsund über Reinberg) und Glewitz auf Rügen. Die Fähre pendelt im Sommer von 6 bis 21.40 Uhr und fährt auch im Winter, aber unregelmäßig. Nicht bei Sturm oder Eisgang. Ab März wieder regelmäßig (Tel. 01 80/3 21 21 20).

Mit der Bahn

Zum überregionalen Bahnhof in Binz gelangt man über Stralsund (Bergen und Lietzow) von Köln, Hamburg und München, Stuttgart und von Berlin mit dem IC »Caspar David Friedrich« (Bahnauskunft Binz: Tel. 03 83 93/ 24 95).

Den Rügen-Express, einen Saison-Ausflugszug von Berlin nach Rügen, gibt es nicht mehr, jetzt muss man in Stralsund umsteigen.

An der Bäderküste zwischen Putbus, Binz, Sellin, Baabe und Göhren verkehrt der **Rasende Roland**, eine historische Kleinbahn (→ S. 45), täglich alle zwei Stunden zwischen 6 und 20 Uhr, im Sommer zwischen 7 und 20 Uhr. Man kann in jedem Zug Fahrräder mitnehmen (Servicetelefon 03 83 01/8 01 12; www.rasender-roland.de).

Wer am Bahnhof einen Leihwagen mieten möchte, kann den unter Tel. 0 38 38/8 03 00 reservieren.

Mit dem Flugzeug

Der Flugplatz Güttin (bei Bergen) wird während der Saison von Berlin und Hamburg angeflogen (Tel. 03 83 06/ 12 89; www.Flugplatz-Ruegen.de).

Auskunft

Tourismuszentrale Rügen GmbH
Bahnhofstr. 15, 18528 Bergen;
Tel. 0 38 38/8 07 70, Fax 25 44 40;
www.ruegen.de

Zimmer vermitteln neben den örtlichen Tourismus-Informationsstellen in vielen Orten private Unternehmen. Deren Adressen gibt es bei den Tourist-Informationen.

Behinderte

Viele Inselorte bemühen sich um behindertengerechte Anlagen. In Bergen, Sellin, Binz, Göhren und Baabe gibt es mehrere behindertengerechte Hotels, ebensolche Campingplätze in Baabe, Thiessow, Suhrendorf und den Banzelvitzer Bergen.

Die Ostseebäder Baabe und Binz haben behindertenfreundliche Strandzugänge, abgesenkte Bordsteine, Behindertentoiletten und Parkplätze.

Das Flächendenkmal Kap Arkona ist Behinderten zugänglich, auch die Störtebeker-Festspiele in Ralswiek.

Deichfahrten sind von Middelhagen nach Lobbe und von Thiessow nach Klein Zicker möglich.
www.barrierefrei.m-vp.de

Brückenöffnungszeiten

Der Rügendamm wird etwa alle fünf Stunden für 20 Min. geöffnet, um Schiffe passieren zu lassen. Die Zeiten werden hin und wieder geändert, die aktuellen erfährt man bei der Tourismuszentrale (→ Auskunft, S. 103).

Buchtipps

Birgit Lautenbach, Johann Ebend: »Hühnergötter« (Prolibris, 2005). Hühnergötter nennt man Feuersteine, aus denen sich die Kreide ausgewaschen hat, so dass ein Loch entstanden ist. Vermutlich werden sie so genannt, weil man sie früher zur Förderung der Legefreudigkeit in Hühnerställen aufhängte, und sie gelten nach wie vor als Glücksbringer. Ob der Stein Marten auf Hiddensee Glück bringt, wird nicht verraten, denn in diesem Kriminalroman verschwindet die kleine Leonie – auf einer Insel, wo jeder jeden kennt.

Renate Seydel: »Rügen – Ein Lesebuch« (Ullstein, 2000). Die Herausgeberin, selbst immer wieder auf Hiddensee zu Gast, hat eine Fülle von Geschichten, Beschreibungen, Gedichten über Rügen von mehr oder weniger berühmten Autoren des 19. und 20. Jh. zusammengetragen. Sie macht uns mit einer Uferpredigt von Pfarrer Kosegarten bekannt, lässt Karl Baedeker von einer Reise mit dem Dampfschiff von Swinemünde nach Rügen berichten und Johannes R. Becher das Meer besingen. Alles informativ, vieles romantisch, manches von peinlichem Überschwang.

Theodor Fontane: »Effi Briest« (unterschiedliche Taschenbuch-Ausgaben). »Nach Rügen reisen heißt nach Sassnitz reisen«, schwärmt Effi. Aber sie ist nicht glücklich in Pommern. Fontane schrieb den Roman über eine junge Frau, die an den gesellschaftlichen Konventionen im Preußen des Kaiserreiches zerbricht, auf der Grundlage eines tatsächlichen Gesellschaftsskandals. Fassbinder hat die Geschichte 1974 verfilmt.

Camping

In fast allen Regionen Rügens gibt es Campingplätze, 21 insgesamt, die meisten attraktiv ausgestattet.

Es gibt Camping-, Caravan- und Motor-Caravanplätze sowohl an der Ostsee als auch an den Boddengewässern. Die ruhigeren Plätze liegen im Nordwesten der Insel, turbulenter geht es im Osten und Südosten zu.

Die Tourismuszentrale Rügen (→ Auskunft, S. 103) legt jährlich ein aktuelles Verzeichnis auf, dem man

Informationen zur Ausstattung der Plätze, Lage, Größe, Öffnungszeiten und Gebühren entnehmen kann.
www.campingurlaub-auf-ruegen.de

FKK
An fast jedem Strand gibt es einen großen FKK-Bereich, pingelig ist der Umgang damit aber nicht.

Flugplatz
Einen Flugplatz gibt es in Güttin bei Bergen und Linienverkehr im Sommer nach Berlin, Hamburg und Bornholm. Die Ostseeflug Rügen GmbH bietet Rund-, Foto-, Geschäftsreise- und Zubringerflüge an. Auch Flugschule und Mietwagenverleih.
Tel./Fax 03 83 06/12 89;
www.Flugplatz-Ruegen.de

Geld
Nur in großen Hotels und deren Restaurants werden **Kreditkarten** akzeptiert. Zur Versorgung mit dem notwendigen Kleingeld findet man bei den Banken in den Badeorten Geldautomaten. Die Postämter haben sehr knapp bemessene Öffnungszeiten.

Internet
Unter www.ruegen.de erfährt man Grundsätzliches und über Links Spezielles. Wer Informationen zu Angeln, Häfen, Kunst, Heiraten auf Rügen, Wohnmobilstellplätzen und vielem anderen mehr braucht, wird fündig bei www.ruegen.org/infolisten

Kurtaxe
Kurtaxe bezahlt man in den meisten Inselorten, in der Hochsaison mehr als in der Nebensaison; im Winter wird sie bisher nicht verlangt. Die Höhe ist unterschiedlich von Ort zu Ort und von Jahr zu Jahr. Tagesgäste von Hiddensee bezahlen Kurtaxe bereits mit dem Kauf der Fährkarte.

Medizinische Hilfe
Ärzte-Notdienst
Tel. 0 38 38/2 20 77

Nationalparks
Der größte Teil Rügens steht unter Naturschutz und gehört zum Teil zum Nationalpark Vorpommersche Boddenlandschaft, die Halbinsel Jasmund ist Nationalpark, und Mönchgut und Vilm gehören zum Biosphärenreservat Südost-Rügen. Geführte Wanderungen, auch Kinderwanderungen, bringen Städtern die Geheimnisse von Seen und Mooren, Libellen und Fröschen nah. Aktuelle Termine für Wanderungen kann man unter Tel. 03 83 02/5 31 23 (Nationalparkamt), 03 83 92/3 50 11 (Nationalpark Jasmund) und 03 83 03/8 85 17 (Biosphärenreservat Südost-Rügen) erfahren.

Öffnungszeiten
Restaurants, Museen und Cafés sind im Sommer täglich und durchgehend geöffnet – Touristeninformationsstellen haben jedoch das ganze Jahr über fast überall bürokratisch knappe Öffnungszeiten.

Mit dem Ende der Sommerferien werden Öffnungszeiten eingeschränkt, und von Oktober bis März sind viele Museen und Kirchen ganz geschlossen. Winterurlauber tun gut daran, außer während der weihnachtlichen Hochsaison, Erkundungen darüber einzuholen, was geöffnet hat.

Reisewetter
Reisewetter für Rügen ist eigentlich immer. Wer baden will, wartet bis Juli, weil erst dann die Wassertemperaturen ins Meer locken, und bis in den September hinein bleibt es meist warm. Die teilweise langen warmen Sommer der vergangenen Jahre strafen alle bisherigen Durchschnittswerte Lügen, und 1997 hat sich die Ostsee zum ersten Mal seit Beginn der Messungen auf bis zu 25 Grad erwärmt. Besonders das Mönchgut gilt als sonnensicher. Wanderer nutzen den Herbst für ausgiebige Touren. Ganz andere Schönheiten Rügens erschließen sich, wenn man im Frühjahr oder im Winter Urlaub macht.

Saison

Saison auf der Insel ist im Sommer und an Feiertagen, sonst ist Nebensaison. Das sagt nichts über Zeiträume, denn für manches Hotel beginnt die Hochsaison mit entsprechenden Preisen schon Pfingsten und endet Ende September. Dennoch sind in der zweiten Augusthälfte viele Strände nicht mehr bewacht und Geschäfte abends und vor allem am Wochenende geschlossen.

Tankstellen

Tankstellen gibt es auf Rügen in Altenkirchen, Bergen, Binz, Dranske, Garz, Putbus, Sagard, Samtens, Sassnitz und Sellin. Tankstellen für Motorboote und Yachten gibt es in den Häfen Breege, Lauterbach, Neuendorf (nur Diesel), Ralswiek, Sagard, Sassnitz, Sellin-Bollwerk, Stralsund, Vitte/Hiddensee.

Tiere

In einigen Badeorten auf Rügen gibt es Strände, auf die man Tiere mitnehmen kann, und wer eine Unterkunft bucht, sollte auf jeden Fall fragen, ob Tiere genehm sind und was zusätzlich verlangt wird.

Verkehrsverbindungen

Erfahrene Rügenreisende werden sich, je nach Jahreszeit und abhängig von ökologischem Bewusstsein und aktueller Situation, für eine Kombination aller Fortbewegungsarten entscheiden. Wer in erster Linie einen sommerlichen Badeurlaub plant oder sich des Services eines luxuriösen Hotels bedienen will, wird die Bequemlichkeit einer Bahnreise vorziehen und die gelegentlichen Ausflugsangebote per Bus und Schiff nutzen.

Mit dem Auto

Von der hochsommerlichen und Wochenend-Blechlawine abgesehen, die den Zugang zur Insel erschwert, ist die B 96 von Stralsund nach Sassnitz Rügens konstante Problemstrecke – man kann auch sagen Rennstrecke. Hier muss man damit rechnen, dass sich Insulaner in puncto Geschwindigkeit und Fahrweise verhalten wie auf gut ausgebauten Autobahnen.

Um dem entgegenzuwirken, gibt es fest installierte Blitzer (Radarfallen!): Kiekut, B 196 a, L 293 Richtung Karow, hinter Abfahrt Streu; B 196, Höhe Abzweig Süllitz Richtung Göhren; Lancken-Granitz, B 196 Richtung

Entfernungen (in km) zwischen wichtigen Orten auf Rügen:

	Altefähr	Bergen	Binz	Garz	Göhren	Kap Arkona	Lohme	Putbus	Sassnitz	Schaprode	Sellin
Altefähr	–	23	36	11	48	59	47	27	46	42	43
Bergen	23	–	14	15	24	47	24	7	24	24	18
Binz	36	14	–	20	16	52	28	12	19	38	10
Garz	11	15	20	–	30	65	43	9	42	41	24
Göhren	48	24	16	30	–	67	47	21	37	71	5
Kap Arkona	59	47	52	65	67	–	30	54	39	31	62
Lohme	47	24	28	43	47	30	–	32	10	47	39
Putbus	27	7	12	9	21	54	32	–	28	32	16
Sassnitz	46	24	19	42	37	39	10	28	–	46	29
Schaprode	42	24	38	41	71	31	47	32	46	–	43
Sellin	43	18	10	24	5	62	39	16	29	43	–

Göhren; Lietzow, B 96 Richtung Sassnitz; Binz, Ostseestraße ortseinwärts; Samtens, B 96 innerorts Richtung Bergen; Sagard, B 96, Abzweig Sagard Richtung Bergen; Bergen, Stralsunder Chaussee Richtung Stralsund, Höhe Autohaus Meyer.

Wer an einem Sommertag durch dichte Baumalleen fährt, die wunderschön sind, aber auch tunneldunkel sein können, versteht den Verkehrshinweis »Rügen mit Licht« schnell. Allerdings kommen ihm in erster Linie Besucher nach.

Mit dem Fahrrad

Rügen ist nicht flach, sondern meist hügelig. Wo es wie im Norden flach wird, verstehen Radfahrer bald, warum Wittow das Windland ist. Ein Fahrradwegenetz wächst – langsam – über die Insel. Bei den Fremdenverkehrseinrichtungen gibt es eine Fahrrad- und Nahverkehrskarte (Schutzgebühr 0,50 €), der man entnehmen kann, wo es für Radfahrer unter Umständen gefährlich ist und wo man bei welcher Steigung fahren kann.

Fahrräder mitnehmen kann man im Nahverkehr beim Rasenden Roland, der Schmalspurbahn, die von Putbus über Binz, Sellin und Baabe nach Göhren fährt, in manchen Bussen und bei großen Fähren.

Eine Auswahl von Radkarten findet man bei www.fahr-rad-auf-ruegen.de

Öffentliche Verkehrsmittel

Mit Bahn, Bus und Schiff kann man fast alle Sehenswürdigkeiten der Insel erreichen. Ein Nachtbus bringt Party-Gänger zwischen Sassnitz und Göhren nach Hause. Ein Theaterbus fährt von Binz nach Putbus. Der Busverkehr auf Rügen besteht aus 40 Linien, die alle 20 bis 60 Minuten befahren werden. Den aktuellen Busfahrplan gibt es bei der Rügener Personennahverkehrs GmbH (Industriestr. 1, 18528 Bergen; Tel. 0 38 38/20 29 55; www.rpnv.de).

Mit dem Schiff

Von Seebrücke zu Seebrücke (Sassnitz, Binz, Sellin, Göhren) im Linienverkehr oder gleich rund um Rügen (ohne Landgang, ca. 9–12 Stunden) ist wohl die idealste Fortbewegungsmöglichkeit um eine Insel. Reederei Ostsee-Tour; Tel. 03 83 92/31 50, Fax 5 06 72; www.Reederei-Ostsee-Tour.de; www.ruegen-schifffahrt.de

Funk Taxi

Bergen: Tel. 0 38 38/25 26 27
Binz: Tel. 03 03 92/3 22 10
Sassnitz: Tel. 03 83 92/30 30

Wasserqualität

Mit der Wasserqualität um Rügen und Hiddensee ist man seit Jahren sehr zufrieden. Die seichten Boddengewässer laden allerdings nicht immer zum Baden ein. Das Sozialministerium Mecklenburg-Vorpommerns überwacht die Badestellen und veröffentlicht eine jährlich aktualisierte Karte mit den Untersuchungsergebnissen. Man bekommt sie kostenlos.

Sozialministerium Mecklenburg-Vorpommern

Werderstr. 124, 19055 Schwerin; Tel. 03 85/58 80, Fax 5 88 97 76

Wellness

Massagen, Badezeremonien, fernöstliche Heilmethoden, aber auch Rügener Heilkreide sollen Besucher fit für den Alltag machen. Ein Verzeichnis der Angebote (über 20 »Wellness-Tempel«) gibt es bei der Tourismuszentrale Rügen, Bahnhofstr. 15, 18528 Bergen; Tel. 0 38 38/80 77 80.

Zeitungen

Die »Ostsee-Zeitung« mit wechselnden Lokalseiten informiert über das aktuelle Geschehen am Ort. Der »Rüganer« veröffentlicht in regelmäßigen Abständen Wissenswertes. »Rügen aktuell« ist ein Kultur- und Veranstaltungsmagazin. Zu Rügen ist außerdem ein MERIAN-Heft (ISBN 978-3-8342-0706-7) im Handel erhältlich.

Kartenatlas

Orientierung leicht gemacht: mit Planquadraten und allen Orten und Sehenswürdigkeiten.

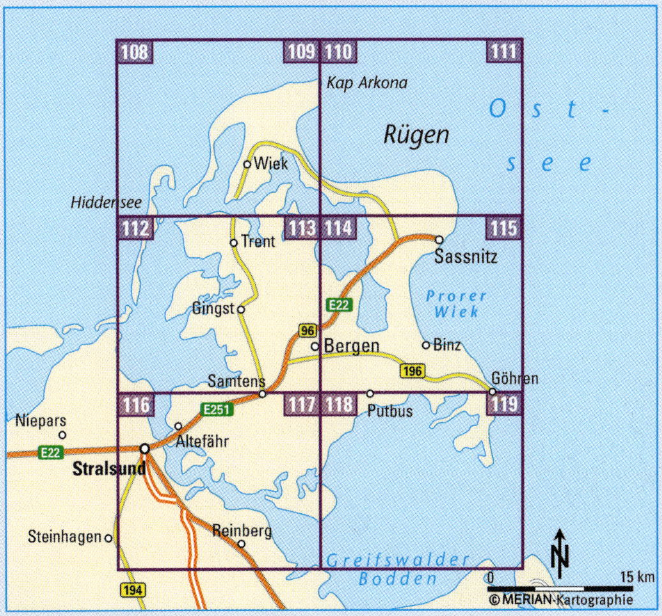

Legende

Routen und Touren
- Rund um Rügen (S. 90)
- Radtour Hiddensee (S. 94)
- Radtour Mönchgut (S. 96)

Sehenswürdigkeiten
- MERIAN-TopTen
- MERIAN-Tipp
- Sehenswürdigkeit, öffentl. Gebäude
- Sehenswürdigkeit Kultur
- Sehenswürdigkeit Natur
- Kirche; Kloster
- Schloss, Burg
- Museum
- Denkmal
- Archäologische Stätte

Sehenswürdigkeiten ff.
- Höhle
- Leuchtturm
- Windmühle

Verkehr
- Autobahn
- Autobahnähnliche Straße
- Fernverkehrsstraße
- Hauptstraße
- Nebenstraße
- Unbefestigte Straße, Weg
- Fußgängerzone
- Parkmöglichkeit
- Busbahnhof
- Bahnhof

Verkehr ff.
- Flugplatz
- Schiffsanleger

Sonstiges
- Information
- Theater
- Zoo
- Golfplatz
- Campingplatz
- Aussichtspunkt
- Hist. Schlacht
- National-, Naturparkgrenze
- National-, Naturpark

A
B
C
1
2
3
4
Ostsee
Dranske
Toter Kerl
Signalmasthuk 65
Swantiberg
Enddorn
Bakenberg
72
Rennbaumhuk
Dornbusch
Hucke
51
Grieben
Gerhart-Hauptmann-Haus
Kloster
Ziegelort
Altbessin
Neubessin
Libben
NSG
Bug
Vitter
Vitter
Möwenort
Vitte
10
Hiddensee
Bodden
Fischerhaken
Neubessin
Bucht
NSG
Buger Haken
Rassower Str
Fährinsel
Steinort
Seehof
Dwarsdorf
8
Schwedenschanze
Trog
Stolper Haken
Poggenort
Hassenort
6
Neuholstein
Poggenhof
Retelitz
Vaschenort
NSG
Gröthagen
Neuendorf
Charlotten-dorf
Lehsten
Plogshagen
Schaprode
Udars

112

D
E
F
Söben-
schnieder-
steen
Gellort
Höllenliet
Arkona
Varnkevitz
Putgarten
Rügenhof
Schwarbe
Schwarbe
Siedlung
Schwarbe
Fernlüttkevitz
Vitt
Bakenberg
Kreptitz
Nonnevitz
Mattchow
Goorer Berg
Riesenberg
Goor
Gramtitz
Wollin
Nobbin
Starrvitz
Banz
Höhe
Presenske
Tromper
Lüttkevitz
Gudderitz
Gudderitz
Altenkirchen
Drewoldke
Lanckensburg
Juliusruh
Wieker
Wiek
Breege
Wiek
Wittow
Zürkvitz
Ahrenshörn
Bodden
Lobkevitz
Bohlendorf
Breeger
Bodden
Schaabe
Schmantevitz
Gelmer
Ort
Bischofsdorf
Parchow
Kammin
Finkenhaken
Woldenitz
Kamminer Fähre
Lebbiner
Haken
NSG
Großer Ort
Woldenitzer
Haken
Vieregge
Lebbiner
Fährhof
Kontoper Haken
Bodden
Lebbin
Liddower Haken
Wittower Fähre
Breetzer
Moritzhagener
Berge
Grubnow
NSG
Libnitzer Ort
Liddow
Breetz
Bodden
Hügelgräber
Neuenkirchen
Liddow
Kuschwitzer
Haken
Mövenort
Laase
Moritzhagen
Reddelin
Reetz
Beuchel
Libnitz
Tetzitzer
Tribkevitz
Jabelitz
Banzelvitzer
Teeberg
Zessin
See
Berge
Trent
Neuendorf
Tribbevitz
Ganschvitz
Stütenberg
Gr. Banzelvitz
0
3 km
N
1
2
3
4
© MERIAN-Kartographie

110
113

A
B
C
Söben-
schnieder-
steen
Gellort
Schinkelturm
5
Arkona
46
Kap Arkona
8
1
Putgarten
Jaromarsburg
Fischerdorf
Vitt
Vitt
Goor
8
37
6
Tromper
109
Wiek
7
Hellgrund
Wulf
52
Blandow
Kluckow
Bisdamitz
Nardevitz
Königshörn
10
Bisdamitzer Bach
21
Ruschvitz
Schlanteberg
103
Glowe
Spycker
Spyckerscher
See
Schloss
Spycker
Tieschower
Bach
72
Kreidemuseum
Banziner
Berg
Gumman
NSG
11
Bobbin
7
Polkvitz
3
Waller Ort
Neddesitz
8
Großer
Polchow
Bussinsche
Berge
Marlower Bach
Kl. Volks
Gr. Volksitz
56
Jasmunder
J a s m
Boxsport-
museum
Bickbeerberg
92
Neuhof
Bodden
Sagard
Vorwerk
E251
78
44
114
Berge
45
A
B
C
Großer
Jasmunder
Dobberworth
Bliescho

D
E
F
5
6
7
8
s t s e e
Trelleborg
Hankenufer
Lohme
Stubbenhörn
74
Ranzow
Königsstuhl
6
118
Gr. Stubbenkammer
Stubbenkammer
110
Viktoriasicht
Kl. Stubbenkammer
Herthasee
Pfenniggrab
Hagen
Kollicker Ort
144
Kollicker Bach
Holzkoppel
Nationalpark
65
Piekberg
161
Kieler Ufer
140
Kieler Bach
Stubnitz
Trenzer Berg
122
Rusewase
151
Boner Berg
Jasmund
Werder
Ernst-Moritz-Arndt-Sicht
119
Wissower Ufer
Buddenhagen
Lancken
116
Fischer Hafenmuseum
115
SASSNITZ
Bornholm
0
3 km
N
© MERIAN-Kartographie

A
B
C
108
Hassenort
Poggenort
Stolper Haken
Vaschenort
NSG
Neuendorf
Plogshagen
Schaproder
Bodden
Poggenhof
Neuholstein
Retelitz
Charlotten-dorf
Lehsten
Schaprode
Udars
Steinort
Streu
Öhe
Schafshorn
Udarser Wiek
Nationalpark
Mittelgrund
Fauler Haken
Gellen
Gänsewerder
Geller-haken
Tankow
Markow
Haide
Boschow
Ummanz
Waase
Schafort
Suhrendorf
Liebes
Varbelvitzer Bodden
Wusse
Varbelvitz
Bock
Freesenort
Mursewiek
Zingst
Vierendehl-grund
Vorpommersche
Breite
Lieschow
Klein Kubi
Heuwiese
Kubitzer
Liebitz
Prohner
Wiek
Boddenlandschaft
Bodden
Klein Damitz
zur Zeit gesperrtes Gebiet
Bessiner Haken
Grabitz
Groß Damitz
Parower Haken
Gurvitz
Breesen
Bessin
Giesendorf
Kasselvitz Ausbau
Rambin
St. Jürgen
Parow
Großer Stromrücken
Kramerhof
Barnkevitz
Fertigstell
Kasselvitz
Klein Kedingshagen
Kasselvitzer Katen
116
Scharpitz
Papenhagen

9

10

11

12

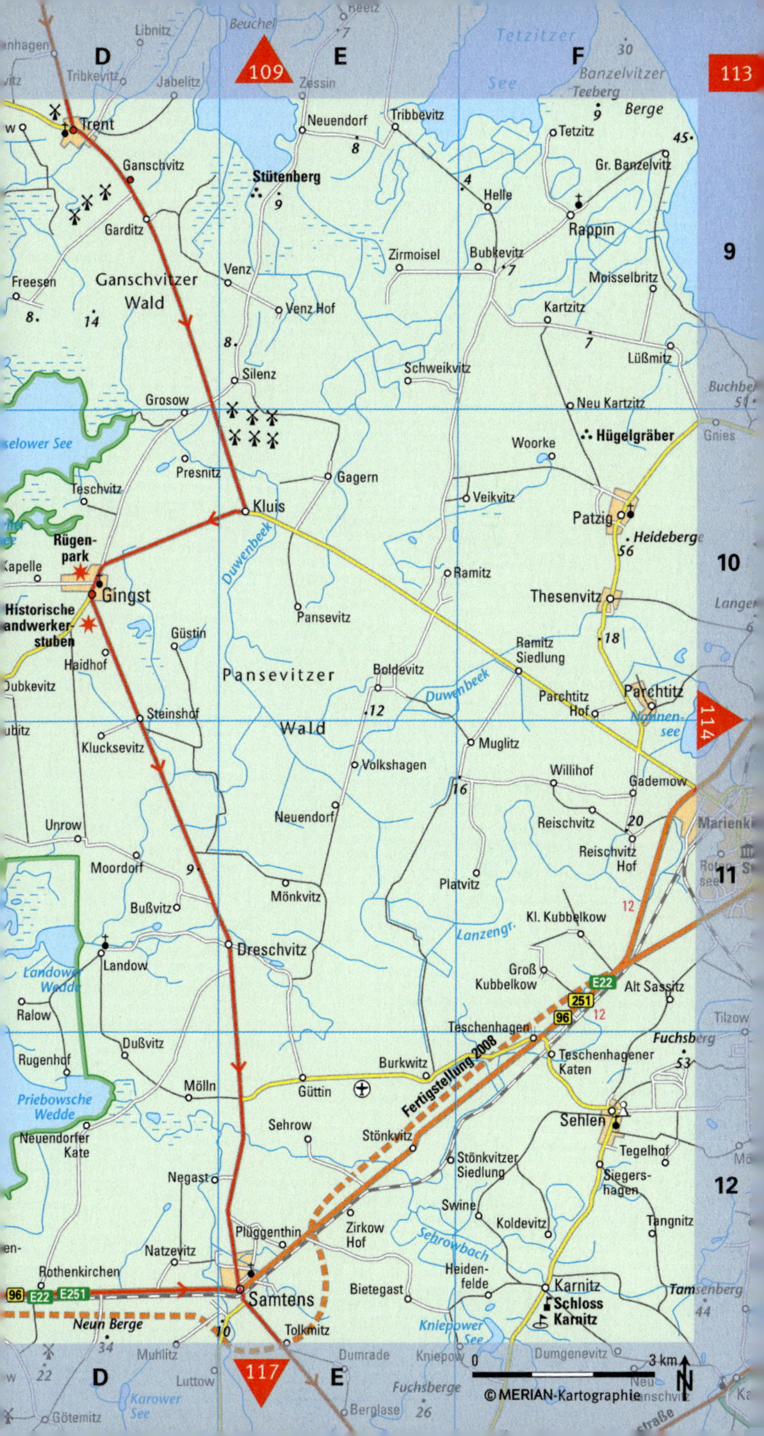

D
E
F
109
Libnitz
Beuchel
Tribkevitz
Jabelitz
Zessin
Tetzitzer
See
Banzelvitzer
Teeberg
Berge
30
9
Trent
Neuendorf
Tribbevitz
Tetzitz
45
8
Ganschvitz
Stütenberg
9
4
Gr. Banzelvitz
Helle
Garditz
Rappin
Zirmoisel
Bubkevitz
7
9
Freesen
Ganschvitzer
Wald
Venz
Venz Hof
Moisselbritz
8
14
Kartzitz
8
7
Lüßmitz
Silenz
Schweikvitz
Grosow
Buchberg
51
Neu Kartzitz
Gnies
Woorke
Hügelgräber
selower See
Presnitz
Gagern
Teschvitz
Kluis
Veikvitz
Patzig
Heideberge
56
Rügen-
park
Duwenbeek
Kapelle
Ramitz
Gingst
Thesenvitz
10
Historische
Handwerker-
stuben
Pansevitz
Langer
Güstin
18
Ramitz
Siedlung
Haidhof
Pansevitzer
Boldevitz
Dubkevitz
Duwenbeek
Parchtitz
Parchtitz
Hof
12
Nonnen-
see
114
Steinshof
Wald
Klucksevitz
Muglitz
Volkshagen
Willihof
Gademow
16
Unrow
Neuendorf
Reischvitz
20
Marienk
Moordorf
9
Reischvitz
Hof
11
Platvitz
Bußvitz
Mönkvitz
12
Kl. Kubbelkow
Lanzengr.
Landow
Dreschvitz
Landower
Wedde
Groß
Kubbelkow
E22
Alt Sassitz
Ralow
251
96
12
Tilzow
Teschenhagen
Fuchsberg
Dußvitz
Teschenhagener
Katen
53
Rugenhof
Burkwitz
Fertigstellung 2008
Möll
Güttin
Priebowsche
Wedde
Sehlen
Sehrow
Stönkvitz
Neuendorfer
Kate
Tegelhof
Stönkvitzer
Siedlung
Siegers-
hagen
Negast
12
Swine
Koldevitz
Tangnitz
Zirkow
Hof
Plüggenthin
Sehrowbach
Natzevitz
Heiden-
felde
Rothenkirchen
Karnitz
Bietegast
Samtens
Tamsenberg
96
E22
E251
Schloss
Karnitz
44
Neun Berge
Kniepower
See
Tolkmitz
10
34
Muhlitz
Dumrade
Kniepow
Dumgenevitz
0
3 km
22
117
Luttow
D
E
Fuchsberge
Karower
See
26
Berglase
Götemitz
©MERIAN-Kartographie

110
113
118
A
B
C
13
14
15
16
Großer Jasmunder Bodden
Kleiner Jasmunder Bodden
Boxsport-museum
Bickbeerberg 92
Sagard
Vorwerk
Sagarder Bach
E251
96
Dobberworth
Blieschow
Riesengrab
96b
Wostevitz
Dubnitz
Wüster Berg 28
Borchtitz
Großer Wostevitzer Teich
Kleiner Wostevitzer Teich
Semper
47
Galgenberg 33
Bakenberg 35
Neu Mukran
Lietzow
Spitzer Ort
Feuerstein-felder
NSG
Buchberg 51
Schloss Ralswiek
1
Festspiel-bühne
Schwarze Berge 58
Augustenhof
Gnies
Ralswiek
Ralswieker Forst
Schweden-kirche
E22
Jarnitz
251
96
Langer Berg 64
Stedarhaken
Tennberg 23
NSG Pulitz
Schifferberg 55
Thiessow
Eisenbahn-und Technikmuseum
Deutsches Boxsport-Museum
Prora
Dokumentation
Stedar
Ossen
Mühlenberg 25
Strüssendorf
Prisvitz
Burnitz
Pulitz
Königsberg 53
Sonnenhaken
Krauthaken
Bichlitz
Schanzenberg 60
Schmale Heide
Buschvitz
Zittvitz
BERGEN auf Rügen
196a
Lubkow
Marienkirche
Ernst-Moritz-Arndt-Turm
Zursevitz
Trips
Streu
Kiekut
Dumsevitz
Rotensee
Stadtmuseum
196
Moorberg 50
Bergen Süd
Kaiseritz
Karow
Dalkvutz
Hagener Berg 58
Tilzow
Nelkade
Siggermow
Silvitz
Zirkow
Museumshof
Fuchsberg 53
Karower B.
Pantow
Dolgemost
10
Mühlbach
Forst Schellhorn 61
Viervitz
Forst Pastitz
Alt Pastitz
3
Bakenberg 45
Mölln-Medow
48
Carvitzberg 19
Rasender Roland
Posewald
Nistelitz
51
Pastitz
Darsband
Beuchow
Ketelshagen
Neu Güstelitz
Putbus
Kleinbahn museum
Lonvitz
Vilmnitz
Nadelitz
Gr. Stresow
Güstelitz
39
Tamsenberg 44
Kransevitz
Alt Güstelitz
Schloss park
Semkors
Stresower Bucht
Gremmin
Goor
Kollhof
Freetz
Wobbanz
Muglitz
Muglitzer Ort
Wildgehege
Lauterbach
Neuendorf
Kasnevitz
Wreechen
Biosphärenreservat

D
E
F
111
Ernst-Moritz-Arndt-Sicht
Wissower Ufer
Buddenhagen
Lancken
116
Fischerei- und Hafenmuseum
SASSNITZ
5
Bornholm
13
14
Klaipėda
Ostsee
szentrum Prora
2
Wiek
15
Binz
Silvitzer Ort
Granitzer Ort
Schanzenort
Heideberge
71
Naturschutzgebiet Granitz
Frankenberge
85
Granitz
Forst Werder
70
Quitzlaserer Ort
Ostseebad Sellin
Jagdschloss Granitz
Neu Süllitz
Blieschow
13
85
Garftitz
196
Lancken-Granitz
Altensien
Selliner See
51
16
Ostseebad Baabe
Stresower
Zarnekow
Neuensien
Neuensiener See
Burtevitz
Preetz
Tannen
7
Seedorf
Moritzdorf
Baaber Heide
Ostseebad Göhren
6
Buskam
Nordperd
Dummertevitz
NSG
196
58
35
Gobbin
61
Naturschutzgebiet
30
Neu Reddevitz
D
119
E
Mönchgut
Mönchguter Heimatmuseum
0
3 km
N
Teschenberg
38
Having
12
Alt Reddevitz
Mariendorf
Middelhagen
Philippshagen
© MERIAN-Kartographie
Museumsschiff

A
B
C
17
18
19
20
112
Parow
Kramerhof
Großer Stromrucken
Barhövitz
Kasselvitz Ausbau
Rambin
St. Jürgen
Fertigstellung
Klein Kedingshagen
22
Kasselvitz
Kasselvitzer Katen
Poppelvitz
Papenhagen
Sellentin
Scharpitz
Knieper Nord
Strelasund
Gustrower-höfen
Kransdorf
Altefähr
Jarkvitz
Groß Bandelvitz
Saalkow
Moorteich
Rathaus
Nikolaikirche
Grahlhof
Rügendamm
Klein Bandelvitz
Nesebanz
STRALSUND
Marienkirche
Dänholm
Deutsches Meeresmuseum
Frankenteich
Nautineum
9
Wampen
Wamper Wiek
Gustow
12
Kleiner Dänholm
20
Drigger Ort
Drigge
Gustower Wiek
Am Lüssower Berg
194
Prosnitz
96
Steinort
Deviner Haken
Prosnitzer Schanze
Groß Lüdershagen
Andershof
Deviner Bucht
E22
24
Neu Lüdershagen
Voigdehagen
Devin
Neuhof
Strela
Deviner See
Niederhof
Zitterpeningshagen
Teschenhagen
Wendorf
E251
Middelhagen
Zarrendorf
Brandshagen
105
15
Mühlbach
16
Neu Ahrendsee
Wüstenfelde
Groß Miltzow
Schönhof
Scharrenberg
26
Elmenhorst
Neu Elmenhorst
Ahrendsee
25
Engelswacht
Bookhagen
Groß Elmenhorst
Elmenhorst Forst
Groß Behnkenhagen
Klein Miltzow
Miltzow
30
Neu Miltzow
Behnkendorf
27
Reinkenhagen
Erdöltraditionsstätte
Kakernehl
Klein Behnkenhagen
Altenhagen
32
Wittenhagen
Hildebrandshagen
Ausbau Wilmshagen
Hühnerberg
A20

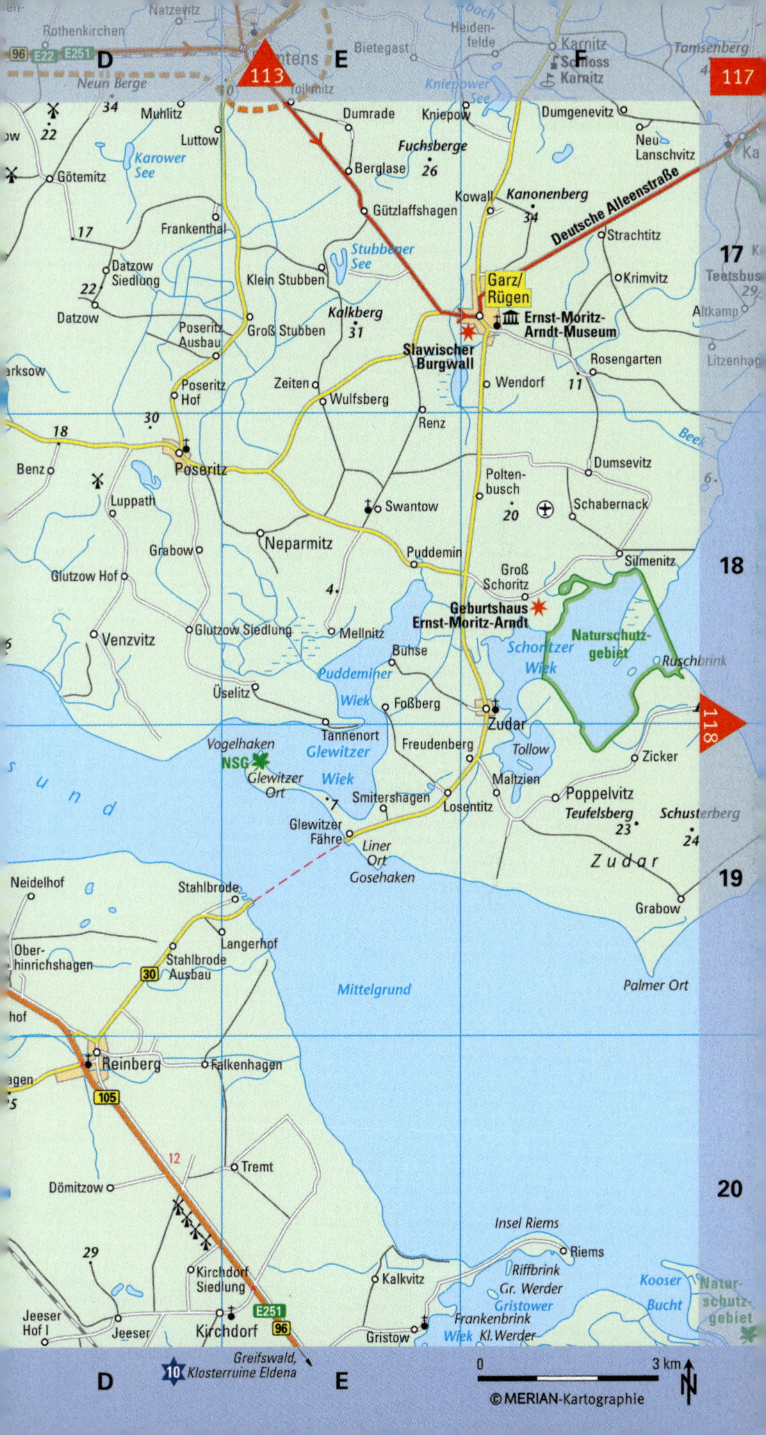
D
E
F
113
118
Rothenkirchen
Natzevitz
Neun Berge
Bietegast
Heiden-
felde
Karnitz
Schloss
Karnitz
Tamsenberg
Kniepower
See
Folkmitz
Muhlitz
Dumrade
Kniepow
Dumgenevitz
Neu
Lanschvitz
Luttow
Karower
See
Fuchsberge
26
Berglase
Götemitz
Kowall
Kanonenberg
34
Gützlaffshagen
Deutsche Alleenstraße
Strachtitz
17
Frankenthal
Stubbener
See
Datzow
Siedlung
Klein Stubben
Garz/
Rügen
Krimvitz
Teetsbus
Altkamp
Datzow
Kalkberg
31
Ernst-Moritz-
Arndt-Museum
Poseritz
Ausbau
Groß Stubben
Slawischer
Burgwall
Rosengarten
Zeiten
Wulfsberg
Wendorf
11
Poseritz
Hof
Renz
Beek
30
18
Benz
Poseritz
Dumsevitz
Polten-
busch
Luppath
Swantow
20
Schabernack
Neparmitz
Grabow
Puddemin
Silmenitz
Glutzow Hof
Groß
Schoritz
18
Geburtshaus
Ernst-Moritz-Arndt
Venzvitz
Glutzow Siedlung
Mellnitz
Naturschutz-
gebiet
Schoritzer
Wiek
Buhse
Ruschbrink
Puddeminer
Wiek
Üselitz
Foßberg
Zudar
Tannenort
Vogelhaken
NSG
Glewitzer
Wiek
Freudenberg
Tollow
Zicker
Glewitzer
Ort
Maltzien
Smitershagen
Poppelvitz
Losentitz
Teufelsberg
23
Schusterberg
24
Glewitzer
Fähre
Liner
Ort
Gosehaken
Zudar
Neidelhof
Stahlbrode
19
Grabow
Langerhof
Ober-
hinrichshagen
Stahlbrode
Ausbau
30
Mittelgrund
Palmer Ort
Reinberg
Falkenhagen
105
Tremt
Dömitzow
20
Insel Riems
Riems
Riffbrink
Gr. Werder
Gristower
Wiek
Kooser
Bucht
Natur-
schutz-
gebiet
29
Kirchdorf
Siedlung
Kalkvitz
Jeeser
Hof I
Jeeser
Kirchdorf
E251
96
Frankenbrink
Kl. Werder
Gristow
D
10 Klosterruine Eldena
Greifswald,
E
0
3 km
N

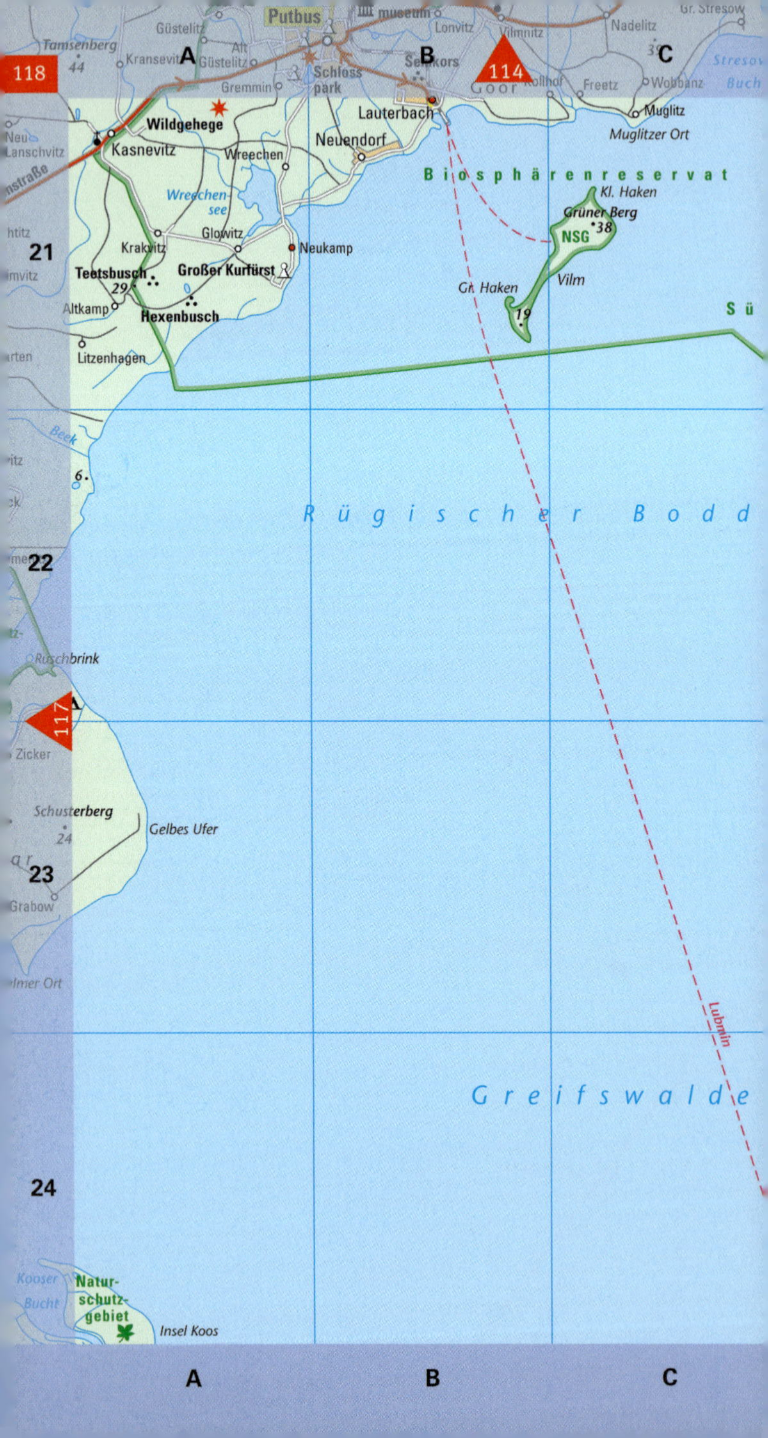
Putbus
museum
Güstelitz
Tamsenberg
44
Kransevitz
Alt Güstelitz
Gremmin
Schloss park
Lonvitz
Vilmnitz
Nadelitz
Gr. Stresow
Seelvitz
Goor
Freetz
Wobbanz
Stresower Bucht
114
Lauterbach
Muglitz
Muglitzer Ort
Wildgehege
Neuendorf
Kasnevitz
Wreechen
Wreechensee
Biosphärenreservat
Kl. Haken
Grüner Berg
38
NSG
Glowitz
Krakvitz
Neukamp
Großer Kurfürst
Teetsbusch
29
Vilm
Gr. Haken
19
Altkamp
Hexenbusch
Litzenhagen
Beek
Rügischer Bodd
Ruschbrink
117
Zicker
Schusterberg
24
Gelbes Ufer
Grabow
Lubmin
Greifswalde
Kooser Bucht
Naturschutzgebiet
Insel Koos
21
22
23
24
A
B
C

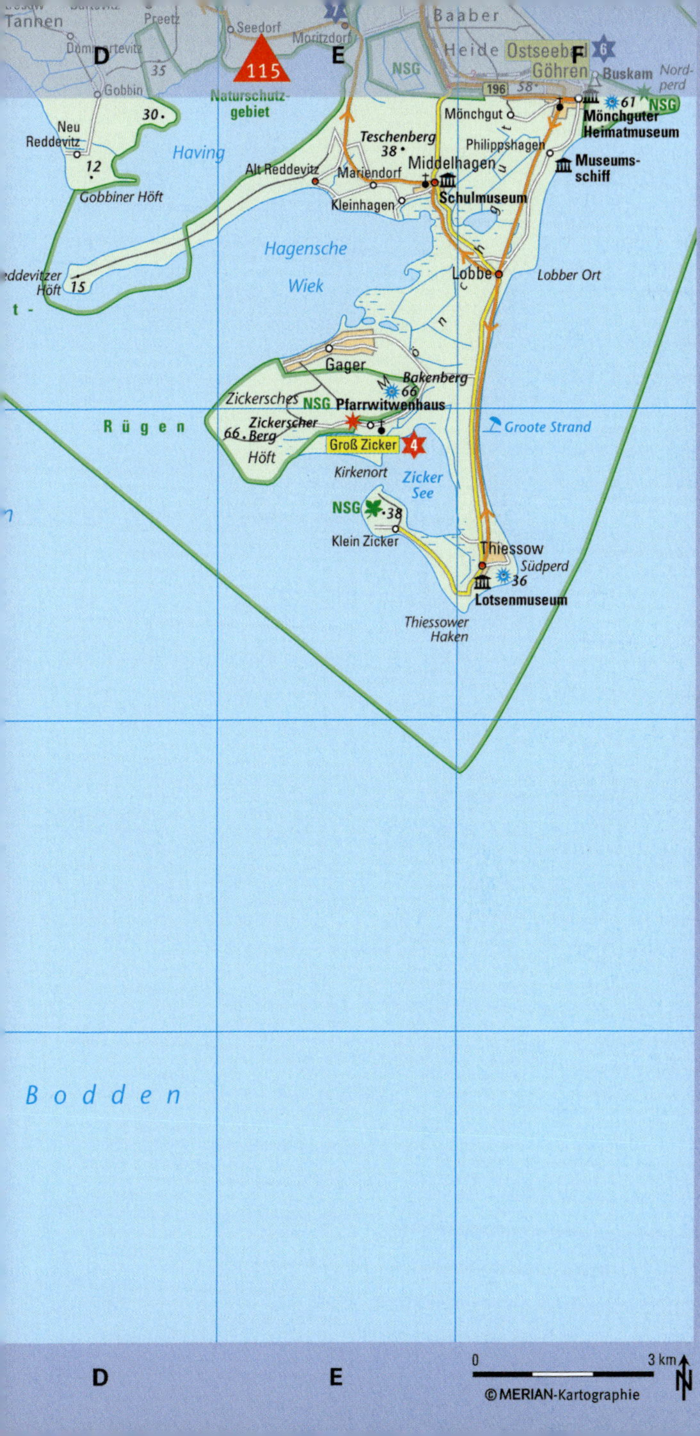
Tannen
Preetz
Seedorf
Baaber
Heide
Ostseebad
Göhren
Buskam
Nord-
perd
D
E
F
115
6
Dumsevitz
Moritzdorf
35
Gobbin
NSG
Naturschutz-
gebiet
196
58
61
NSG
Neu
Reddevitz
30
Mönchgut
Mönchguter
Heimatmuseum
Teschenberg
38
Philippshagen
Having
12
Alt Reddevitz
Mariendorf
Middelhagen
Museums-
schiff
Gobbiner Höft
Kleinhagen
Schulmuseum
Hagensche
Wiek
Reddevitzer
Höft
15
Lobbe
Lobber Ort
Gager
Bakenberg
66
Zickersches
NSG
Pfarrwitwenhaus
Rügen
Zickerscher
66
Berg
Höft
Groß Zicker
4
Groote Strand
Kirkenort
Zicker
See
NSG
38
Klein Zicker
Thiessow
Südperd
36
Lotsenmuseum
Thiessower
Haken
21
22
23
24
Bodden
D
E
0
3 km
N
© MERIAN-Kartographie

Zeichenerklärung
❍ Orte
∆ Kap, Insel
▲ Gebirge
∞ Landschaft
~ Gewässer, Strand
★ Sehenswürdigkeit
☆ Nationalpark

Hier finden Sie alphabetisch aufgeführt alle in diesem Band beschriebenen Orte und Ziele, Routen und Touren. Bei einzelnen Sehenswürdigkeiten steht jeweils der dazugehörige Ort in Klammern, bei Hotels steht zusätzlich die Abkürzung H für Hotel. Außerdem enthält das Register wichtige Stichworte sowie alle MERIAN-TopTen und MERIAN-Tipps dieses Reiseführers. Wird ein Begriff mehrfach aufgeführt, verweist die **fett gedruckte** Zahl auf die Hauptnennung im Band, eine *kursive* Zahl verweist auf ein Foto.

Liebe Leserinnen und Leser,
wir freuen uns, Ihre Meinung zu diesem Reiseführer zu erfahren. Bitte schreiben Sie uns, wenn Sie Berichtigungen und Ergänzungsvorschläge haben oder wenn Ihnen etwas besonders gut gefällt:

TRAVEL HOUSE MEDIA GmbH, Postfach 86 03 66, 81630 München
E-Mail: merian-live@travel-house-media.de, Internet: www.merian.de

Die Autorin

Diesen Reiseführer schrieb **Gisela Buddée**. Nach einem Pädagogik- und Kunststudium arbeitete sie u. a. als Redakteurin der Hamburger Rundschau und als Lektorin beim Verlag VSA. Seit 1994 lebt und schreibt sie als freie Journalistin in Berlin. Für MERIAN *live!* hat sie die Bände »Provence«, »Côte d'Azur«, »Harz«, »Berlin« sowie »Berliner Spaziergänge« verfasst.

Bei Interesse an Karten aus MERIAN-Reiseführern schreiben Sie bitte an:
iPUBLISH GmbH, geomatics
Berg-am-Laim-Straße 47
81673 München
E-Mail: geomatics@ipublish.de

Bei Interesse an Anzeigenschaltung wenden Sie sich bitte an:
KV Kommunalverlag GmbH & Co KG
MediaCenterMünchen
Tel. 0 89/92 80 96 - 44
E-Mail: kramer@kommunal-verlag.de

Fotos
Titelbild: Kreidefelsen im Nationalpark Jasmund (Bildagentur Huber/R. Schmid)
H. Arndt 48; Bildagentur Huber/Mehlig 30/31; Bildagentur Huber/R. Schmid 55, 56, 74; W. Dietrich 4/5, 9, 24, 27, 64; R. Freyer 22, 46, 78, 82, 91, 94, 97; GourmetPictureGuide 7, 12, 44; U. Haafke 14, 16, 18, 20, 36, 41, 43, 51, 52, 53, 67, 68, 77, 88/89; Wolfgang Korall/VISUM 98/99; look/K. Wothe 72; E. Pansegrau 10/11, 32, 61, 62/63, 73, 84; Tourismuszentrale Rügen 28

Alle Angaben in diesem Reiseführer sind gewissenhaft geprüft. Preise, Öffnungszeiten usw. können sich aber schnell ändern. Für eventuelle Fehler übernimmt der Verlag keine Haftung.

Programmleitung
Dr. Stefan Rieß
Redaktion
Susanne Kronester
Lektorat
Fritz Jensch
Gestaltung
wieschendorf.design, Berlin
MERIAN-Quiz
Verónica Reisenegger
(Konzept und Idee)
Karten
MERIAN-Kartographie
Satz
Filmsatz Schröter, München
Druck
Appl, Wemding
Bindung
Auer, Donauwörth
Gedruckt auf
Eurobulk Papier von der Papier Union

1. Auflage

TRAVEL HOUSE MEDIA

Ein Unternehmen der
GANSKE VERLAGSGRUPPE

Rügen Hiddensee · Stralsund

MERIAN-Tipps

Tipps und Empfehlungen für Kenner und Individualisten

1 **Rügener Seekiste**
Im Rügenhof auf Kap Arkona kann man sich eine Überraschungskiste zusammenstellen lassen (→ S. 19).

2 **Seekajak**
Man schaukelt in kleinem Gefährt auf Ostseewellen – ein echtes Abenteuer (→ S. 26).

3 **Jasmund Therme**
Badelandschaft mit Riesenrutsche für Kleine und Kräuter-Dampfbad für Große (→ S. 29).

4 **Park der Sinne**
Skulpturen ertasten, Blumen erschnuppern, den Summstein enträtseln und so seine Sinne bewusst erleben (→ S. 38).

5 **Restaurant Rasender Roland**
In Abteil und Wandelgang dieser originellen Gaststätte in Binz stehen »Bremsklotz« und »Abstellgleis« auf der Speisekarte (→ S. 39).

6 **Villa Erika**
Die Sommerpension in Göhren, um die Jahrhundertwende gebaut, hat einen direkten Zugang zum Strand (→ S. 50).

7 **Moritzdorf**
In dem idyllischen Ort kann man in der Moritzburg einkehren oder einfach nur die Seele baumeln lassen (→ S. 54).

8 **Tauchen**
Alles dunkel in der Ostsee? Es gibt mehr zu sehen, als viele glauben, die anderen tauchen nach Wracks (→ S. 71).

9 **Deutsches Meeresmuseum**
Man sollte es bei einem Besuch von Stralsund keinesfalls auslassen (→ S. 86).

10 **Klosterruine Eldena**
Caspar David Friedrich hat sie in verschiedene Landschaften gestellt – hier ist das Original zu sehen (→ S. 92).

← MERIAN-TopTen
finden Sie auf Seite 1